JN009093

中学英語
サンシャイン
完全準拠

テスト予想問題集 2

SUNSHINE ENGLISH COURSE

開隆堂

この本の特色と使い方

『サンシャイン完全準拠　テスト予想問題集』は，中学校英語教科書 SUNSHINE ENGLISH COURSE に沿って作られた，実践的なテスト予想問題集です。授業の小テストから定期テストまで，あらゆるテスト対策に役立ててください。

● 各プログラムやセクションごとの要点とポイント ●

各プログラムやセクションごとに学習事項が簡潔にまとめてあります。解説のあとには学習事項が習得できたかを見るための小テスト「Check」があります。

● まとめテスト ●

見開き 2 ページで構成され，各プログラムに 2 回～ 4 回ずつの「まとめテスト」があります。リスニング，語句，適語補充，適語選択，英語で表現，読解など多様な形式の設問が用意されています。

● 定期テスト予想問題 ●

見開き 2 ページで構成され，2 プログラムごとに 2 回ずつのテストがあります。こちらも多様な形式の設問が用意され，定期テストを想定した問題となっています。

スマートフォンやタブレットなどで QR コードを読み取ってみよう

「Google Play（Play ストア）」・「App Store」で QR コードのリーダーをインストールしてください。QR コードのリーダーを起動し，「QR コードを読み取る」と自動的に URL にジャンプします。

イラスト　いのうえたかこ，藤井一士（スタジオオイル）

目次

PROGRAM 1

Start of a New School Year

教科書 pp.7 ~ 16

Steps 1

1 未来表現① (be going to ~)

① I'm going to have a concert with Joe next Sunday.
(私は今度の日曜日にジョーとコンサートを開く予定です。)

- ☑ 「~する予定です」とすでに決まっている未来のことは〈be going to + 動詞の原形〉で表します。
- ☑ be 動詞は主語に合わせて形が変わります。

② Is Joe going to sing? (ジョーは歌う予定ですか。)

- ☑ 疑問文は be 動詞を主語の前に出します。
- ☑ 疑問文に対しては，Yes, I am. / No, I'm not. などと答えます。

疑問文や否定文でも
be going to のあと
の動詞は原形だよ。

③ I am not going to see Mr. Sato this afternoon.
(私は今日の午後，佐藤先生に会う予定はありません。)

- ☑ 否定文は be 動詞のうしろに not を置きます。

Check ___に適切な１語を入れて，日本語に合う英文にしなさい。

(1) 私は今度の土曜日に母と買い物に行く予定です。

I _______ _______ _______ go shopping with my mother next Saturday.

★「~する予定です」は〈be going to + 動詞の原形〉の形で表す。

(2) あなたは地元の学校に通う予定ですか。

_______ you _______ _______ go to a local school?

(3) 私たちは明日，バスケットボールをする予定ではありません。

We _______ _______ going _______ play basketball tomorrow.

2 未来表現② (will)

① I'll answer the phone. (私が電話に出ましょう。)

- ☑ 「~しようと思う」と(話しているときに決めた)未来のことを言うときは，〈will + 動詞の原形〉を使って表します。また，「~でしょう」と話し手の推測を表すときにも使います。

② Will you go to the museum? (あなたは博物館に行きますか。)

- ☑ 疑問文は will を主語の前に出します。

③ I won't be at home. (私は家にいないでしょう。)

- ☑ 否定文は will のうしろに not を置きます。will not の短縮形は won't です。

Check ＿＿に適切な１語を入れて，日本語に合う英文にしなさい。

(1) 夕方は雨が降るでしょう。

_______ _______ in the evening.

★「〜でしょう」は will を使って表す。it will の短縮形は it'll。

(2) あなたは明日，早く起きますか。―― はい，起きるつもりです。

_______ you _______ _______ early tomorrow?

―― Yes, I _______.

(3) 私は今日，テレビを見ないでしょう。

I _______ _______ TV today.

★ will not の短縮形を使う。

3 when / if

① When you called me, I was in the yard.

(あなたが電話をくれたとき，私は庭にいました。)

- 「〜のとき…」と時を言うときは〈When 〜, ...〉の形を使います。when 〜の部分は未来のことでも現在形で表します。
- when 〜を文の後半に置くこともできます。例 I was in the yard when you called me.

② If you're free today, can you come to our concert?

(もし今日ひまならば，私たちのコンサートに来てくれますか。)

- 「もし〜ならば…」と条件を言うときは〈If 〜, ...〉の形を使います。if 〜の部分は未来のことでも現在形で表します。
- if 〜を文の後半に置くこともできます。
  例 Can you come to our concert if you're free today?

Check ＿＿に適切な１語を入れて，日本語に合う英文にしなさい。

(1) みんなが私のために歌を歌ってくれたとき，私はもう少しで泣くところでした。

_______ everyone _______ a song for me, I almost cried.

★過去の文なので，動詞は過去形に。

(2) 父が帰宅したとき，私たちは音楽を聞いていました。

We were listening to music _______ our father _______ home.

★「〜のとき」が文の後半にきている。

(3) 今度の日曜日，もし晴れていたら，家族といっしょに海に行くつもりです。

_______ it _______ sunny next Sunday, I'm going to go to the sea with my family.

★ if 〜の部分は未来のことでも現在形で表す。

PROGRAM 1

まとめテスト　第1回

Steps 1

教科書 pp.7～16

目標時間	得点
30分	／100

1 リスニング サムと久美の週末の予定についての対話を聞き，内容に合う絵を選び，記号で答えなさい。 (完答3点×2＝6点)

ア

イ

ウ

エ

(1) サム：土（　　　）／日（　　　）　(2) 久美：土（　　　）／日（　　　）

2 語句 英語は日本語に，日本語は英語にしなさい。 (2点×4＝8点)

(1) worried　（　　　　　）　(2) move　（　　　　　）

(3) 望む，希望する　h _ p _　(4) 忘れる　fo _ g _ t

3 適語補充 （　）に適切な1語を入れて，日本語に合う英文にしなさい。(完答4点×4＝16点)

(1) 先生によろしくお伝えください。

Please (　　　　) (　　　　) to your teacher.

(2) ところで，あなたは今度の土曜日は忙しいですか。

(　　　　) the (　　　　), will you be busy next Saturday?

(3) 私は少し眠いです。

I'm a (　　　　) (　　　　) sleepy.

(4) ベストをつくせば，あなたたちは試合に勝つでしょう。

You'll win the game if you (　　　　) your (　　　　).

4 適語選択 （　）内から適切な語句を選び，○で囲みなさい。 (4点×7＝28点)

(1) Mari will (visit, visits) the amusement park next week. ➡2

(2) (Will, Are, Do) you going to stay here today? ➡1

(3) You can use my bike when you (go, will go) to the station tomorrow. ➡3

(4) Is your mother going to (run, runs, running) in the park tomorrow morning? ➡1

(5) I (am not, won't) cook dinner today. ➡2

(6) Tom (is, was, does) going to play the piano next Sunday. ➡1

(7) (When, If) I went to Yokohama last week, I enjoyed shopping. ➡3

5 **整序** 日本語に合う英文になるように，(　　)内の語句を並べかえて全文を書きなさい。

(5点×3＝15点)

(1) 私は来週，日本を出発する予定です。 ➡1

I (Japan / to / leave / going / am) next week.

____

(2) 彼らは放課後，体育館を掃除しますか。

(they / after / the gym / clean / will) school? ➡2

____

(3) 私は東京にいたとき，ボブに会いました。

I saw Bob (when / was / in / I / Tokyo). ➡3

____

6 **英語で表現** あなたは友だちから，明日の予定をたずねられている。次のように答える場合，英語でどう言うか書きなさい。ただし(　　)内の語を使うこと。

(5点×2＝10点)

(1) 昼食を作ると答える場合（am） ➡1

____

(2) 本を何冊か買うと答える場合（will） ➡2

____

7 **読解** 次の会話文を読んで，あとの問いに答えなさい。 〔計17点〕

Daniel: We're in the same class again. I'm happy.
Mao: Me too. By the way, do you have any plans for next Saturday?
Daniel: Nothing special. What's up?
Mao: Miki is going to move to Canada.
Daniel: Really? When is she going to leave?
Mao: Next week. I'm planning a farewell party for her. Can you join me?
Daniel: Sure. My pleasure.

(1) ダニエルが下線部のように言ったのはなぜか。日本語で書きなさい。 (4点)

(　　　　　　　　　　　　　　　　　　　　　　　　)

(2) 本文の内容に合うものには○を，合わないものには×を書きなさい。 (4点×2＝8点)

(a) Daniel is going to move to Canada. (　　)

(b) Miki is going to leave Japan next week. (　　)

(3) 本文の内容と合うように，次の問いに英語で答えなさい。 (5点)

What is Mao planning? ____________________________

PROGRAM 1

まとめテスト　第2回

Steps 1

教科書 pp.7 ～ 16

目標時間	得点
30分	／100

1 リスニング　アンとサムの電話での対話を聞き，内容に合うものを○で囲みなさい。 (3点×2＝6点)

(1) 最初アンは明日，公園で(走る／散歩する)つもりだった。

(2) 明日は(寒い／雨が降る)ので，家で本を読むことにした。

2 語句　英語は日本語に，日本語は英語にしなさい。 (2点×4＝8点)

(1) plan　(　　　　　)　(2) soon　(　　　　　)

(3) 何も～ない　n ＿ ＿ ＿ ing　(4) 自由な，ひまな　f ＿ ＿ e

3 適語補充　(　　)に適切な1語を入れて，日本語に合う英文にしなさい。 (完答4×4＝16点)

(1) 私と図書館に行ってもらえますか。── いいですよ。喜んで。

Can you go to the library with me? ── Sure. (　　　　　) (　　　　　).

(2) あなたはシャープペンシルを2本持っていますか。── はい。どうしましたか。

Do you have two mechanical pencils? ── Yes. (　　　　　) (　　　　　)?

(3) あなたが京都に引っ越しても，連絡を取り合いましょう。

If you move to Kyoto, let's (　　　　　) in (　　　　　).

(4) 自転車に乗るときは，注意しなさい。

(　　　　　) (　　　　　) when you ride a bike.

4 対話文完成　(　　)に適切な1語を入れて，対話文を完成しなさい。 (完答5点×5＝25点)

(1) (　　　　　) you going (　　　　　) practice baseball tomorrow?

── Yes, we (　　　　　).　➲1

(2) Will Mr. Hayashi (　　　　　) math to us next Friday?

── No, he (　　　　　). He'll teach it to us next Wednesday.　➲2

(3) (　　　　　) is Ken going to study at the college?

── (　　　　　) going (　　　　　) study science.　➲1

(4) (　　　　　) your mother make a cake tomorrow?

── No, she (　　　　　).　➲2

(5) (　　　　　) will you and your father go next summer?

── We (　　　　　) (　　　　　) to Kyoto.　➲2

5 **書きかえ** 次の英文を〔　〕内の指示にしたがって書きかえなさい。 (5点×3＝15点)

(1) My sister does her homework after dinner. 〔 will を使って未来の文に 〕 ➡2

____

(2) Daniel eats breakfast at seven. 〔 be 動詞を使って未来の文に 〕 ➡1

____

(3) It will be cold tomorrow morning. I won't wash my father's car.
〔 if を使って一つの文に 〕 ➡3

____

6 **英語で表現** あなたは友だちに，次のようなことをたずねたい。英語でどう言うか書きなさい。ただし(　　)内の語を使うこと。 (6点×2＝12点)

(1) 明日雨だったら何をするかということ（if） ➡3

____

(2) 昨日自分が電話したとき，何をしていたのかということ（when） ➡3

____

7 **読解** 次の会話文を読んで，あとの問いに答えなさい。 〔計18点〕

Daniel:	Miki, it's cold in Canada now. ①Please take care.
Miki:	Thank you, Daniel.
Daniel:	Are you going to go to a local school?
Miki:	Yes. I'm a little bit worried.
Daniel:	It's OK. You'll make new friends soon.
Miki:	I hope ②so. I won't forget you all.
Daniel:	Keep in touch, Miki.
Miki:	Of course. I'll email you often.

(1) ダニエルが下線部①のように言ったのはなぜか。日本語で書きなさい。 (4点)

(　　　　　　　　　　　　　　　　　　　　　　　　　　　)

(2) 下線部②が指す内容を，日本語で書きなさい。 (4点)

(　　　　　　　　　　　　　　　　　　　　　　　　　　　)

(3) 本文の内容に合うものには○を，合わないものには×を書きなさい。 (5点×2＝10点)

(a) Miki isn't going to study at a local school in Canada. (　　)

(b) Daniel and Miki will keep in touch. (　　)

PROGRAM 2

Leave Only Footprints 教科書 pp.17 ～ 25

1 接続詞 that

① I think (that) it's too early.

(それは早すぎると思います。)

☑「～だと思う」という意味を表すには，〈人＋think (that) ～〉の形を使います。この形の文で使われる動詞には think や know，hope などがあります。

☑ 接続詞 that は省略できます。that がなくても意味は変わりません。

② I don't think I'll hear the phone.

(私は電話の音が聞こえないと思います。)

☑「～ではないと思う」と言う場合，ふつう I don't think that ～ と，that の前の部分を否定文にします。

✓Check ___に適切な１語を入れて，日本語に合う英文にしなさい。

(1) 私は，明日は晴れると思います。

I _______ _______ it will be sunny tomorrow.

📖(2) 私は，あなたはハイキングが好きだと聞いています。

I _______ you _______ hiking.

★接続詞 that が省略されている。

(3) あなたは彼が野球がじょうずなことを知っていますか。

Do you _______ _______ he can play baseball well?

★疑問文の場合も，接続詞 that 以下の語順は変わらない。

2 must

① We must pick up some garbage.

(私たちはごみを拾わなければいけません。)

☑「～しなければならない」と義務や命令の意味を表すには，〈must＋動詞の原形〉の形を使います。

② You mustn't pick the flower. (あなたは花をつんではいけません。)

☑ 否定文〈must not＋動詞の原形〉は「～してはいけない」と禁止の意味を表します。

must not の短縮形は mustn't。
[マスント] と発音するよ。

✓Check ＿＿に適切な１語を入れて，日本語に合う英文にしなさい。

(1) あなたは夕食前に宿題をしなければなりません。

You ＿＿＿＿ ＿＿＿＿ your homework before dinner.

📖(2) 私たちは自然を守らなければなりません。

We ＿＿＿＿ ＿＿＿＿ nature.

★ must のあとには動詞の原形が続く。

(3) あなたは今日，このコンピュータを使ってはいけません。

You ＿＿＿＿ ＿＿＿＿ use this computer today.

★「～してはいけない」は must not ～で表す。

3 have[has] to

① We have to hurry.

(急がなければなりません。)

☑ 〈have to＋動詞の原形〉は「～しなければならない」と必要性や義務の意味を表します。

② We don't have to hurry. (急ぐ必要はありません。)

☑ 否定文〈don't have to＋動詞の原形〉は「～する必要はない」という意味になります。

☑ have to は［hǽftə，hǽftu］，has to は［hǽstə，hǽstu］のように発音します。

☑ must には過去形がないので，「～しなければならなかった」は〈had to＋動詞の原形〉で表します。

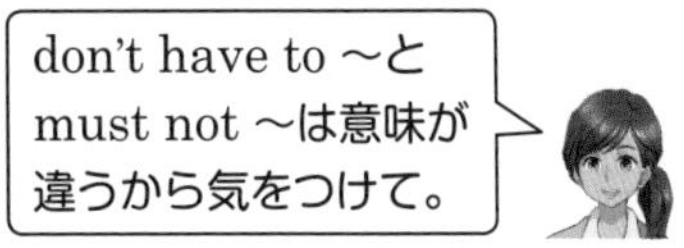

✓Check ＿＿に適切な１語を入れて，日本語に合う英文にしなさい。

(1) 私の母は毎朝６時に起きなければなりません。

My mother ＿＿＿＿ ＿＿＿＿ get up at six every morning.

★主語が三人称・単数なので，has を使う。

(2) 私は昨日，家にいなければなりませんでした。

I ＿＿＿＿ ＿＿＿＿ stay home yesterday.

★「～しなければならなかった」は過去のことなので，〈had to＋動詞の原形〉で表す。

📖(3) あなたは心配する必要はありません。

You ＿＿＿＿ ＿＿＿＿ to worry.

★「～する必要はない」は〈don't have to＋動詞の原形〉で表す。

PROGRAM 2

まとめテスト　第1回

教科書 pp.17 ～ 25

目標時間	得点
30分	／100

1　リスニング　英語を聞き，内容に合う絵を二つずつ選び，記号で答えなさい。

（完答4点×2＝8点）

ア

イ

ウ

エ

(1)　しなければならないこと　　（　　／　　）

(2)　する必要がないこと　　（　　／　　）

2　語句　英語は日本語に，日本語は英語にしなさい。　（3点×4＝12点）

(1)　history　（　　　　）　　(2)　rule　（　　　　）

(3)　たやすい　_ _ sy　　(4)　すべてのこと　ev _ ryt _ ing

3　適語補充　(　　)に適切な1語を入れて，日本語に合う英文にしなさい。（完答5点×4＝20点）

(1)　あなたは，今日は 10 時に寝なければなりません。

You must (　　　　) (　　　　) (　　　　) at ten today.

(2)　あなたは日本の音楽に興味がありますか。

Are you (　　　　) (　　　　) Japanese music?

(3)　私はロボットについてたくさん学びました。

I learned (　　　　) (　　　　) about robots.

(4)　あなたたちはどこでこのごみを拾いましたか。

Where did you (　　　　) (　　　　) this garbage?

4　適語補充　次の英文を〔　〕内の指示にしたがって書きかえるとき，(　　)に適切な1語を入れなさい。

（完答5点×3＝15点）

(1)　Math is difficult.〔「私は～と思う」という意味の文に〕　➲1

I (　　　　) (　　　　) math is difficult.

(2)　Wash your hands before lunch.〔must を使って，ほぼ同じ意味を表す文に〕　➲2

You (　　　　) (　　　　) your hand before lunch.

(3)　You must wait here.〔「～する必要はない」という文に〕　➲23

You (　　　　) (　　　　) to wait here.

5 **整序** 日本語に合う英文になるように，(　　)内の語句を並べかえて全文を書きなさい。

(5点×3＝15点)

(1) 彼は私がカナダ出身だと知りません。 ➡1

He (know / from / doesn't / that / Canada / I'm).

(2) 私の母は日曜日に働かなければなりません。

(must / my mother / on / work) Sunday. ➡2

(3) あなたは彼らに英語を教える必要はありません。

(don't / English / to / you / teach / have) to them. ➡3

6 **英語で表現** あなたは友だちに，次のようなことを知っていると伝えたい。英語でどう言うか書きなさい。

(6点×2＝12点)

(1) ジム(Jim)がたくさんのかさを持っているということ ➡1

(2) 相手が動物を好きではないということ ➡1

7 **読解** 次の会話文を読んで，あとの問いに答えなさい。 〔計18点〕

Tom: Well, I hear you like hiking. Is ①that true?
Miki: Yes. I sometimes went hiking when I was in Japan.
Tom: Then, why don't we go hiking next Saturday? My uncle Eric will guide us.
Miki: ②Sounds great. Where will we meet?
Tom: Can you come to my house at six?
Miki: OK! I hope it'll be clear on that day.

(1) 下線部①が指す内容を，日本語で書きなさい。 (5点)

(　　　　　　　　　　　　　　　　　　　　　　　　)

(2) 美希が下線部②のように言ったのはなぜか。日本語で書きなさい。 (5点)

(　　　　　　　　　　　　　　　　　　　　　　　　)

(3) 本文の内容に合うものには○を，合わないものには×を書きなさい。 (4点×2＝8点)

(a) Miki didn't go hiking in Japan. (　　)

(b) Miki will go to Tom's house at six next Saturday. (　　)

PROGRAM 2 まとめテスト　第2回

教科書 pp.17～25

目標時間	得点
30分	／100

1 リスニング　誠とベスの対話を聞き，正しいものに○，そうでないものに×を書きなさい。

(4点×3＝12点)

(1)　誠は歴史が難しいと思っている。　(　　)

(2)　誠とベスは数学が大事だと思っている。　(　　)

(3)　ベスの兄は数学には興味がないが，日本語と音楽が好きだ。　(　　)

2 語句　英語は日本語に，日本語は英語にしなさい。　(2点×4＝8点)

(1)　believe　(　　　　)　　(2)　worry　(　　　　)

(3)　建てる　b _ _ ld　　(4)　困りごと，困難　tr _ _ ble

3 適語補充　(　　)に適切な1語を入れて，日本語に合う英文にしなさい。(完答4点×4＝16点)

(1)　私はこの前の土曜日に，姉とハイキングに行きました。

I (　　　　) (　　　　) with my sister last Saturday.

(2)　みなさん，さあ，行きますよ。

Everyone, (　　　　) we (　　　　).

(3)　何よりもまず，窓を開けましょう。

(　　　　) of (　　　　), let's open the windows.

(4)　彼らは多くの木を切り倒さなければなりませんでした。

They had to (　　　　) (　　　　) a lot of trees.

4 適語選択　(　　)内から適切な語句を選び，○で囲みなさい。　(4点×7＝28点)

(1)　Mami thinks (when, and, that) her father will come back to Japan next month.　➡1

(2)　Does Kayo know that (you are, are you, were you) here?　➡1

(3)　Ken must (study, studies) math every day.　➡2

(4)　My sister (have, has, must) to practice the piano every day.　➡3

(5)　Do you know (and, or, that) his mother is an English teacher?　➡1

(6)　Does Kayo (have, has, must) to cook breakfast every morning?　➡3

(7)　We didn't know that Kenta (closed, closing, close) the window.　➡1

5 適語補充 各組がほぼ同じ意味になるように，(　　)に適切な１語を入れなさい。

(完答4点×3＝12点)

(1) He is a very popular singer. Do you think so? ➡1

Do you (　　　　　) (　　　　　) he is a very popular singer?

(2) Don't watch TV before dinner. ➡2

You (　　　　　) (　　　　　) watch TV before dinner.

(3) We must say that to Mr. Mori. ➡2 3

We (　　　　　) (　　　　　) say that to Mr. Mori.

6 英語で表現 あなたは友だちに，次のようなことを伝えたい。英語でどう言うか書きなさい。ただし(　　)内の語を使うこと。

(4点×2＝8点)

(1) ここでギターをひいてはいけないということ（must） ➡2

____

(2) これらの本を読む必要はないということ（have） ➡3

____

7 読解 次の会話文を読んで，あとの問いに答えなさい。

〔計16点〕

Miki: How terrible! Who cut down this tree?
Tom: ①I believe a beaver did it. You don't have to worry.
Miki: You know a lot about beavers?
Tom: Yes. They're one of Canada's national animals.
Miki: Are they? They build dams and lodges, right?
Tom: Exactly. ②They're great engineers.
Miki: Do you think we'll see any beavers?
Tom: I don't think so. They sleep in their lodges during the day.
Miki: Then, we have to be quiet.

(1) 下線部①でトムが信じていることを，日本語で書きなさい。 (4点)

(　　　　　　　　　　　　　　　　　　　　)

(2) トムが下線部②のように言ったのはなぜか。日本語で書きなさい。 (4点)

(　　　　　　　　　　　　　　　　　　　　)

(3) 本文の内容に合うものには○を，合わないものには×を書きなさい。 (4点×2＝8点)

(a) Tom thinks Miki can see some beavers. (　　)

(b) Beavers don't move during the day. (　　)

Power–Up 1・2

天気予報を聞こう・電話をかけよう 教科書 pp.26 ～ 28

Word Web ①

1 May I ～?

May I speak to Matt?

（マットと話してもいいですか。）

- ☑ may は「～してよい」と許可の意味を表します。
- ☑〈May I＋動詞の原形 ～?〉で「～してもよろしいですか。」と相手に許可を求める言い方になります。
- ☑ 電話で May I speak to ～? と言うと，「～さんはいらっしゃいますか。」，「～さんとお話ししたいのですが。」という意味になります。
- ☑ May I ～? に対して，応じるときは Sure. / OK. / All right. などと言います。断るときには I'm sorry, (but) ～. と言い，but に続けて理由などを伝えます。

May I ～? は Can I ～? よりていねいな言い方だよ。

Check ___に適切な１語を入れて，日本語に合う英文にしなさい。

(1) あなたの机を使ってもいいですか。―― いいですよ。

_______ _______ use your desk?

★「～してもいいですか。」は May I ～?

―― _______.

(2) ここで日本語を話してもいいですか。

_______ _______ speak Japanese here?

(3) （電話で）山田先生とお話ししたいのですが。

―― 申し訳ありません，外出しています。

_______ _______ speak to Ms. Yamada?

★電話で，相手の在宅を確認するときに使う。

―― I'm sorry, she is out.

2 Could you ～?

Could you bring your sketchbook?

（スケッチブックを持ってきていただけませんか。）

- ☑「～していただけませんか。」とていねいな依頼を表すには，〈Could you＋動詞の原形 ～?〉の形を使います。
- ☑ could は can の過去形です。
- ☑ Could you ～? に対して，応じるときは Sure. / OK. / All right. などと言います。断るときには I'm sorry, but ～. と言い，but に続けて理由などを伝えます。

Could you ～? は Can you ～? よりていねいな言い方だよ。

✓Check ＿＿に適切な１語を入れて，日本語に合う英文にしなさい。

(1) 明日，私たちを手伝っていただけませんか。

―― いいですよ。

_______ _______ help us tomorrow?

★「～していただけませんか。」は Could you ～?

―― All _______.

(2) 私と図書館に行っていただけませんか。

―― 申し訳ありません，私はすぐに家に帰らなくてはなりません。

_______ you _______ to the library with me?

―― I'm sorry, but I must go home soon.

★ I'm sorry「ごめんなさい」と言ったあとに，断る理由を続ける。

(3) あなたのお名前をここに書いていただけませんか。

―― もちろん。

_______ _______ write your name here?

―― _______.

★応じるときは，Sure. のほかに OK. や All right. と答えることもできる。

Power-Up 1・2

まとめテスト　第1回

Word Web ①

教科書 pp.26～28

目標時間	得点
30分	／100

1 リスニング　対話を聞き，内容に合うものを〇で囲みなさい。　(4点×2＝8点)

(1)　マイクは(学校／自宅／市役所)に電話をしている。

(2)　マイクは(欠席／早退／遅刻)することを伝えた。

2 語句　英語は日本語に，日本語は英語にしなさい。　(2点×3＝6点)

(1)　late　(　　　　　)　　(2)　meeting　(　　　　　)

(3)　少しの間，一瞬　_ om _ nt

3 適語補充　(　　)に適切な1語を入れて，日本語に合う英文にしなさい。(完答5点×4＝20点)

(1)　おはようございます，川口先生。

(　　　　　)(　　　　　), Mr. Kawaguchi.

(2)　(電話で)どちらさまですか。

(　　　　　) calling?

(3)　(電話で)お待ちください。

Hold (　　　　　), please.

(4)　(電話で)番号をお間違えのようです。

I think you (　　　　　) the (　　　　　) number.

4 適語選択　日本語に合う英文になるように，(　　)内から適切な語を選び，〇で囲みなさい。　(5点×4＝20点)

(1)　この部屋で歌ってもいいですか。　➡1

(Will, May) I sing in this room?

(2)　私たちにケーキを作っていただけませんか。　➡2

(May, Could) you make a cake for us?

(3)　ここにすわってもいいですか。　➡1

(May, Must) I sit here?

(4)　あなたの国について話していただけませんか。　➡2

(Could, Should) you talk about your country?

5 整序 日本語に合う英文になるように，(　　)内の語句を並べかえて全文を書きなさい。

(6点×3＝18点)

(1) 夏にこの湖で泳いでもいいですか。 ➡1

(this lake / I / in / may / in / swim) summer?

____

(2) 水曜日に野球を練習してもいいですか。 ➡1

(practice / may / baseball / on / I) Wednesday?

____

(3) この本を子どもたちのために読んでいただけませんか。 ➡2

(for / you / could / children / this book / read)?

____

6 英語で表現 あなたは次のような場合，英語でどう言うか書きなさい。 (6点×2＝12点)

(1) 友だちに，コンピュータを使っていいかたずねる場合 ➡1

____

(2) 先生に，窓を閉めるようにお願いする場合 ➡2

____

7 読解 次の会話文を読んで，あとの問いに答えなさい。 〔計16点〕

Matt: Hello?
Kaho: Hello. This is Kaho. May I speak to Matt?
Matt: Speaking. What's up, Kaho?
Kaho: Hi, Matt. We have a meeting tomorrow, right? Could you bring your sketchbook? We'll need it.
Matt: Sure. Thanks for calling.
Kaho: See you tomorrow. Bye.

(1) 下線部が指す内容を，日本語で書きなさい。 (6点)

(　　　　　　　　　　　　　　　　　　　　　　　　)

(2) 本文の内容に合うものには○を，合わないものには×を書きなさい。 (5点×2＝10点)

(a) When Kaho called Matt, he wasn't at home. (　　)

(b) Matt and Kaho will have a meeting tomorrow. (　　)

Power–Up 1・2

まとめテスト　第2回

Word Web ①

教科書 pp.26～28

目標時間	得点
30分	／100

1 **リスニング** 英語を聞き，内容に合う絵を選び，記号で答えなさい。 (5点)

ア 

イ 

ウ 

エ 

(　　　)

2 **語句** 英語は日本語に，日本語は英語にしなさい。 (3点×3＝9点)

(1) wrong (　　　　　　)　(2) sketchbook (　　　　　　)

(3) can の過去形　c _ u _ d

3 **適語補充** (　　)に適切な1語を入れて，日本語に合う英文にしなさい。(完答6点×3＝18点)

(1) 少々お待ちください。

(　　　　　) (　　　　　) moment, please.

(2) 仕事を手伝ってくれませんか。

Can you (　　　　　) me (　　　　　) my work?

(3) またね，勇介。

(　　　　　) you, Yusuke.

4 **対話文完成** (　　)に適切な1語を下の[　　]から選び，対話文を完成しなさい。

(7点×2＝14点)

(1) (　　　　　) I take pictures in this temple? ➡1

── Sure.

Will	May	Did	Am

(2) (　　　　　) you stay home tomorrow morning? ➡2

── I'm sorry, I'll visit my grandfather.

Have	Did	Could	Are

5 **整序** 日本語に合う英文になるように，(　　)内の語句を並べかえて全文を書きなさい。

(7点×3＝21点)

(1) ここに私の名前を書いてもいいですか。 → 1

(write / may / my name / I / here)?

(2) 日本語で話していただけませんか。 → 2

(Japanese / you / speak / could / in)?

(3) 私たちの市のサッカーチームに参加していただけませんか。 → 2

(you / in / could / the soccer team / join) our city?

6 **英語で表現** あなたは母親に，次のようなことを伝えたい。英語でどう言うか書きなさい。ただし，(　　)内の語を使うこと。

(7点×2＝14点)

(1) 放課後に図書館に行ってもいいかということ（may） → 1

(2) 明日4時前に帰宅してほしいということ（could） → 2

7 **読解** 次の会話文を読んで，あとの問いに答えなさい。

〔計19点〕

Ippei: Hello. This is Ippei. May I speak to Cathy?
Jane: Sorry, she is staying at her grandfather's house. She'll come back at eight in the evening.
Ippei: I see. I'm going to call her again tomorrow.
Jane: I'll say that to her when she comes home. Thank you for calling.

(1) 下線部が指す内容を，日本語で書きなさい。 (5点)

(　　　　　　　　　　　　　　　　)

(2) 本文の内容に合うように，次の問いに英語で答えなさい。 (7点×2＝14点)

(a) Was Cathy at home when Ippei called her?

(b) When will Cathy come back?

定期テスト予想問題1　第1回

教科書 pp.7 ～ 28

PRGRAM 1 ～ Word Web ①

目標時間	得点
30分	／100

1 リスニング　次の各問いに答えなさい。

(1) イラストを参考にしながら対話と応答を聞き，最も適切な応答をア～ウの中から一つ選んで書きなさい。（6点×3＝18点）

(a)（　　　）　(b)（　　　）　(c)（　　　）

(2) 英文と質問を聞き，その答えとして最も適切なものをア～エの中から一つ選んで書きなさい。（5点）

ア　She will clean her room.　イ　She will come home at eight.

ウ　She will be busy.　エ　She will make dinner.（　　　）

2 適語補充　（　　）に適切な1語を入れて，日本語に合う英文にしなさい。（完答6点×3＝18点）

(1) 私は今，少しだけおなかがすいています。

I'm (　　　　) (　　　　) bit hungry now.

(2) 智史はこの前の秋，家族とハイキングに行きました。

Satoshi (　　　　) (　　　　) with his family last fall.

(3) あなたは何のスポーツに興味がありますか。

What sport are you (　　　　) (　　　　)?

3 適文選択　次の会話について，（　　）に入れるのに最も適切なものを下のア～エの中から一つ選んで書きなさい。（7点×2＝14点）

(1) *Girl :* We have to do our homework this weekend. (　　　)　➲P1 1 P2 3

Boy : No. I'll do it on Sunday.

ア　How about you?　イ　Are you going to do it on Saturday?

ウ　Do you have any plan?　エ　Where will you do it?

(2) *Girl :* Could you teach math to me tomorrow?　➲P1 2 PU1・2 2

Boy : Sorry. (　　　)

ア　I was a math teacher.　イ　Math is important for you.

ウ　I'll be busy.　エ　I think you don't have to call me.

4 **英語で表現** ジェニーになったつもりで，聡太の質問に５語以上の英語で書きなさい。➲P1❷

（8点）

____

5 **読解** 次の英文を読んで，あとの問いに答えなさい。〔計37点〕

> Hi Daniel,
> I had a great time at the farewell party. ①(　　) everyone sang a song for me, I (　　) cried. I'll miss everyone.
> This will be my first long stay overseas. ②I will (　　) my (　　) at my new school.
> ③(me / if / about / time / have / you / tell / ,) your new class.
> Please say hello to everyone.
> Your friend,
> Miki

(1) 下線部①，②がそれぞれ次の意味になるように，(　　)に適切な１語を入れなさい。

（完答7点×2＝14点）

① 「みんなが私のために歌を歌ってくれたとき，私はすんでのところで泣きそうでした」

(　　　　　　)，(　　　　　　)

② 「私は新しい学校で最善をつくすつもりです」(　　　　　　)，(　　　　　　)

(2) 下線部③の(　　)内の語や符号を並べかえて全文を書きなさい。（7点）

____

(3) 本文の内容に合うものには○を，合わないものには×を書きなさい。（8点×2＝16点）

(a) 美希はお別れ会を楽しんだ。(　　　)

(b) 美希は昨年，海外に長期間滞在していた。(　　　)

定期テスト予想問題1　第2回

PRGRAM 1 ～ Word Web ①

教科書 pp.7 ～ 28

目標時間	得点
30分	／100

1 リスニング　次の各問いに答えなさい。

(1) イラストを参考にしながら対話と応答を聞き，最も適切な応答をア～ウの中から一つ選んで書きなさい。　(5点×3＝15点)

(a) (　　　　)　　(b) (　　　　)　　(c) (　　　　)

(2) 英文と質問を聞き，その答えとして最も適切なものをア～エの中から一つ選んで書きなさい。　(5点)

ア　She doesn't have a ball.　イ　It will be rainy tomorrow.

ウ　She will buy a jacket.　エ　She thinks she will practice tennis.

(　　　)

2 適語補充　(　　)に適切な１語を入れて，日本語に合う英文にしなさい。(完答6点×3＝18点)

(1) 私たちのパーティーを手伝ってくれませんか。

Can you (　　　　　) us (　　　　　) our party?

(2) あなたのおかあさんはいつも何時に帰宅しますか。

What time does your mother always (　　　　　) (　　　　　)?

(3) ところで，あの男性はどなたですか。

(　　　　　) the (　　　　　), who's that man?

3 適文選択　次の会話について，(　　)に入れるのに最も適切なものを下のア～エの中から一つ選んで書きなさい。　(6点×2＝12点)

(1) *Girl :* John has a small dog. He likes it very much.　➲P2 1

Boy : Really? I'm surprised. (　　　　　)

ア　I know that.　イ　I hear he doesn't like dogs.

ウ　Do you know I have a cat?　エ　Is that dog his?

(2) *Girl :* May I play the guitar here?　➲PU1・2 1

Boy : Sure. (　　　　　)

ア　But please finish before eight.　イ　But I don't have any pianos.

ウ　You mustn't play it.　エ　My guitar is so old.

4 **英語で表現** 久美になったつもりでサムの質問に５語以上の英語で書きなさい。 ➲P2 3

（8点）

____

5 **読解** 次の会話文を読んで，あとの問いに答えなさい。 〔計42点〕

Miki: Ah, the air is so fresh. Here we go.
Eric: Wait. ①( )( )( ), let's check ②the hiking rules.
Miki: "Take only pictures, leave only footprints." Right?
Eric: Yes. We can take pictures, but we must not take anything from the forest.
Tom: And we must bring our garbage home.
Miki: Yes, of course. ③We ( )( ) nature.
Eric: Now, let's move. If you have any trouble, please tell me.

(1) 下線部①が「何よりもまず」という意味になるように，( )に適切な１語を入れなさい。 （完答7点）

( ) ( ) ( )

(2) 下線部②の例としてあげられていることを，本文中から抜き出して書きなさい。（7点）

____

(3) 下線部③が「私たちは自然を保護しなければいけません」という意味になるように，( )に適切な１語を入れなさい。 （完答7点）

( ) ( )

(4) 本文の内容に合うものには○を，合わないものには×を書きなさい。 （7点×3＝21点）

(a) We may take pictures when we go hiking. ( )

(b) We don't have to bring our garbage home. ( )

(c) When Miki and Tom have any trouble, Eric will help them. ( )

PROGRAM 3

Taste of Culture

教科書 pp.29 ～ 43

Steps 2 / Our Project ④

1 〈to＋動詞の原形〉（不定詞）

☑ 〈to＋動詞の原形〉の形を不定詞と言い，次のような３つの使い方があります。

① I want to see your performance.

（あなたが踊るところを見たいですね。）

☑ 名詞の働きをする不定詞を名詞的用法と言います。

☑ 名詞的用法は，「～すること」という意味を表します。

☑ 名詞的用法は，動詞の目的語や，文の主語，補語になることができます。

主語が三人称・単数のときでも，過去の文や疑問文・否定文のときでも，〈to＋動詞の原形〉の形は変わらないよ。

② I'll go to New York to study dance.

（私はダンスを勉強するためにニューヨークに行くつもりです。）

☑ 副詞のように動作の目的を表す不定詞を副詞的用法と言います。

☑ 副詞的用法は，「～するために」という意味を表します。

③ I have a lot of things to do.（私にはすることがたくさんあります。）

☑ 前にある名詞や代名詞を説明する不定詞を形容詞的用法と言います。

☑ 形容詞的用法は，「～する（ための／べき）…」という意味を表します。

Check ＿＿に適切な１語を入れて，日本語に合う英文にしなさい。

(1) 私は何かあまいものを食べたいです。

I want ______ ______ something sweet.

(2) 私は兄に会いに函館に行きました。

I went to Hakodate ______ ______ my brother.

★過去の文でも，〈to＋動詞の原形〉の形はかわらない。

(3) 彼らには本を読む時間がたくさんあります。

They have a lot of time ______ ______ books.

(4) あなたは朝食を作るために早く起きますか。

Do you get up early ______ ______ breakfast?

(5) 久美はピアノをひくのが好きではありません。

Kumi doesn't like ______ ______ the piano.

2 〈動詞の -ing 形〉(動名詞)

Please stop talking about a math quiz.

(数学のテストについて話をするのはやめてください。)

☑「～すること」と言うときは，動名詞〈動詞の -ing 形〉を使うこともあります。

☑ 動名詞は文中で，目的語，主語，補語，前置詞の目的語になることができます。

例 Watching tennis is exciting.（テニスを見るのはわくわくします。）
　　文の主語

例 My hobby is making cakes.（私の趣味はケーキを作ることです。）
　　文の補語

●目的語に不定詞を使う動詞，動名詞を使う動詞

① like, start など：不定詞と動名詞どちらも使う。

② want, hope など：不定詞だけを使う。

③ enjoy, finish など：動名詞だけを使う。

形を変えた動詞が名詞と同じ働きをするので動名詞と言うんだよ。

Check ＿＿に適切な１語を入れて，日本語に合う英文にしなさい。

(1) 私たちは外で楽しく食べます。

We _______ _______ outside.

★「楽しく～します」「～して楽しみます」は〈enjoy＋動詞の -ing 形〉で表す。

(2) ケーキを作るのは彼女には簡単です。

_______ a cake _______ easy for her.

★動名詞が文の主語になっている。

(3) 彼の仕事は英語を教えることです。

His work _______ _______ English.

★動名詞が文の補語になっている。

(4) あなたは宿題をし終えましたか。

Did you _______ _______ your homework?

(5) 私の父の夢は外国で働くことでした。

My father's dream _______ _______ abroad.

(6) 英語で手紙を書くのは，彼には難しくありません。

_______ a letter in English _______ difficult for him.

PROGRAM 3

まとめテスト　第1回

教科書 pp.29 ~ 43

Steps 2 / Our Project ④

目標時間	得点
30分	／100

1 リスニング　英語を聞き，内容に合う絵を選び，記号で答えなさい。（3点）

ア 
イ 
ウ 
エ 

（　　　）

2 語句　英語は日本語に，日本語は英語にしなさい。（2点×4＝8点）

(1) present （　　　　　）　(2) voice （　　　　　）

(3) 登場人物，キャラクター　ch _ ract _ r　(4) 健康によい　h _ _ lthy

3 適語補充　（　　）に適切な1語を入れて，日本語に合う英文にしなさい。（完答4点×4＝16点）

(1) ポールは日本やカナダや中国などを訪れたいと思っています。

Paul wants to visit Japan, Canada, China, and （　　　　）（　　　　）.

(2) サッカーを見るのが好きな人もいれば，サッカーをするのが好きな人もいます。

（　　　　）people like watching soccer. （　　　　）like playing it.

(3) あの山はカメのように見えます。

That mountain （　　　　）（　　　　）a turtle.

(4) 彼女は将来，歌手になるでしょう。

She will be a singer （　　　　）the （　　　　）.

4 適語選択　（　　）内から適切な語句を選び，○で囲みなさい。（5点×6＝30点）

(1) (Read, To read) these books is exciting. ➡1

(2) Do you have time (talk, talking, to talk) with us? ➡1

(3) I enjoyed (sing, to sing, singing) with my mother. ➡2

(4) We are practicing baseball (be, to be, being) good players. ➡1

(5) My hobby is (take, to take) pictures of flowers. ➡1

(6) It will start (rain, to rain) soon. ➡1

5 **整序** 日本語に合う英文になるように，(　　)内の語句を並べかえて全文を書きなさい。

(5点×3＝15点)

(1) 私たちは先生を手伝うために体育館に行きました。 ➔1

(to / to / went / the gym / we / our teacher / help).

____

(2) 彼の趣味は音楽を聞くことです。

(to / hobby / listening / his / music / is). ➔2

____

(3) あなたは4時に夕食を作り始めましたか。

(you / making / did / four / dinner / at / start)? ➔2

____

6 **英語で表現** あなたは友だちから，来週したいことをたずねられている。次のように答える場合，英語でどう言うか書きなさい。 (6点×2＝12点)

(1) ハイキングに行きたいと答える場合 ➔1

____

(2) 海で泳ぎたいと答える場合 ➔1

____

7 **読解** 次の会話文を読んで，あとの問いに答えなさい。 〔計16点〕

Daniel: Wow, there are so many food stands here.
Mao: Yes. I want to eat an "American dog."
Daniel: An "American dog"? Ah, you mean a corn dog!
Mao: A corn dog! I see. What do you want to have?
Daniel: I want to have something sweet.
Mao: Then, how about *wata-ame*?
Daniel: Ah, it's cotton candy in English. It's from the U.S.
Mao: Is it? I didn't know that.

(1) 下線部が指す内容を，日本語で書きなさい。 (6点)

(　　　　　　　　　　　　　　　　　　　　　　　　)

(2) 本文の内容に合うものには○を，合わないものには×を書きなさい。 (5点×2＝10点)

(a) Daniel and Mao saw a lot of stands. (　　)

(b) Mao wants to have sweet food. (　　)

PROGRAM 3

まとめテスト　第2回

Steps 2 / Our Project ④

教科書 pp.29～43

目標時間	得点
30分	／100

1 リスニング　健司の話を聞き，内容に合うものを○で囲みなさい。　(3点×2＝6点)

(1) 姉は毎日(音楽を聞くこと／歌うこと)を楽しんでいる。

(2) 弟はサッカーを(見ること／すること)が好きだ。

2 語句　英語は日本語に，日本語は英語にしなさい。　(2点×4＝8点)

(1) expensive　(　　　　　)　　(2) each　(　　　　　)

(3) ラケット　_ a _ ket　　(4) 背の高い　t _ _ l

3 適語補充　(　　)に適切な1語を入れて，日本語に合う英文にしなさい。(完答4点×3＝12点)

(1) 私の代わりに会合に参加していただけませんか。

Could you join the meeting (　　　　　) (　　　　　) me?

(2) 山本先生は世界じゅうにおおぜいの友だちがいます。

Ms. Yamamoto has a lot of friends (　　　　　) the (　　　　　).

(3) 私は自分の夢が実現することを望んでいます。

I hope my dream will (　　　　　) (　　　　　).

4 適語補充　各組がほぼ同じ意味になるように，(　　)に適切な1語を入れなさい。

(完答4点×5＝20点)

(1) To clean the bathroom is my sister's work.　➡ 1 2

(　　　　　) the bathroom is my sister's work.

(2) We are busy today.　➡ 1

We have many things (　　　　　) (　　　　　) today.

(3) I got up at six. I walked with my dog to the park.　➡ 1

I got up at six (　　　　　) (　　　　　) with my dog to the park.

(4) Is your mother's hobby playing the piano?　➡ 1 2

Is your mother's hobby (　　　　　) (　　　　　) the piano?

(5) Do you like talking with Ryohei?　➡ 1 2

Do you like (　　　　　) (　　　　　) with Ryohei?

5 **整序** 日本語に合う英文になるように，(　　)内の語句を並べかえて全文を書きなさい。

(6点×3＝18点)

(1) 私は夜に星を見たいです。I (night / to / want / stars / at / see). ➡1

(2) 私は英語の本を買いに書店に行くつもりです。

I (go / will / buy / to / an English book / to / the bookstore). ➡1

(3) 彼らはいつ数学の勉強し終えましたか。

(math / they / finish / did / when / studying)? ➡2

6 **英語で表現** あなたは友だちから，何をするのが好きかたずねられている。次のように答える場合，英語でどう言うか書きなさい。 (6点×2＝12点)

(1) テレビで野球の試合を見ることと答える場合 ➡1 2

(2) 日本の歴史についての本を読むことと答える場合 ➡1 2

7 **読解** 次の真央が発表している英文を読んで，あとの問いに答えなさい。 〔計24点〕

Look at this picture. It looks like *sashimi*. You can enjoy this food at food stands in the Netherlands.

This is a traditional Dutch food. Some people use toothpicks to eat it. Others enjoy it in “the Dutch way.”

Around the world there are many kinds of street food to try. I think street food shows each country’s food culture.

本文の内容に合うように，次の問いに英語で答えなさい。 (8点×3＝24点)

(a) Are there any food stands in the Netherlands?

(b) Do some people in the Netherlands use toothpicks when they eat the traditional Dutch food?

(c) What does Mao think about street food?

Reading ①

まとめテスト　第1回

Word Web ②

教科書 pp.44 ～ 48

目標時間	得点
30分	／100

1 リスニング　英語を聞き，内容に合う絵を選び，記号で答えなさい。（4点）

ア

イ

ウ

（　　　）

2 語句　英語は日本語に，日本語は英語にしなさい。（3点×4＝12点）

(1) tooth　（　　　　　）　　(2) shout　（　　　　　）

(3) かご　ba ＿ k ＿ t　　(4) ずるい，悪賢い　＿ ＿ y

3 適語補充　（　　）に適切な１語を入れて，日本語に合う英文にしなさい。（完答5点×3＝15点）

(1) ５日後，彼は家に戻りました。

Five (　　　　　) (　　　　　), he came home.

(2) 彼女は「ごめんなさい」と独り言を言いました。

She said (　　　　　) (　　　　　), “I’m (　　　　　).”

(3) スーは遅れたことをすまないと思いました。

Sue was (　　　　　) (　　　　　) being late.

4 整序　日本語に合う英文になるように，（　　）内の語句を並べかえて全文を書きなさい。（5点×3＝15点）

(1) 私は，将来は外国で暮らそうと決心しました。

I (the future / to / abroad / decided / in / live).

(2) 彼はかばんから何冊かの本を取り出しました。

He (out / some books / took / his bag / of).

(3) ネコが魚をくわえて歩いています。

A cat (with / walking / a fish / is).

5 **読解** 次の英文を読んで，あとの問いに答えなさい。 〔計54点〕

①( ) day, Gon went down to the river. He saw Hyoju. He was catching fish and eels. Gon decided to play a trick (②) him.

Gon took the fish out of Hyoju's basket and picked up the eel (③) his teeth. Just then Hyoju came back and shouted, "Hey, you sly fox!" Gon jumped up and ran away with the eel.

Ten days later, Gon saw a line of people. They were ④(wear) white clothes. "Hyoju's mother probably died," Gon said to himself.

That night, Gon ⑤(think), "⑥(eat / was / she / Hyoju's mother / when / to / eel / wanted / sick / ,). But I stole it. Ah, I'm sorry, Hyoju." Gon's heart sank.

(1) 下線部①が「ある日」という意味になるように，( )に適切な1語を入れなさい。 (4点)

( ) day

(2) ②，③の( )内に入る最も適切な語をア～エから選んで，記号を書きなさい。 (5点×2＝10点)

ア at イ on ウ in エ by

② ( ) ③ ( )

(3) ④，⑤の( )内の語を適する形に変えなさい。 (5点×2＝10点)

④ ( ) ⑤ ( )

(4) 下線部⑥が「兵十の母親は具合が悪かったとき，彼女はウナギを食べたいと思っていました」という意味になるように，( )内の語句を並べかえて全文を書きなさい。 (6点)

____

(5) 本文の内容に合うものには○を，合わないものには×を書きなさい。 (6点×2＝12点)

(a) Hyoju was not happy when he saw Gon. ( )

(b) Gon visited Hyoju and said to him, "I'm sorry." ( )

(6) 本文の内容と合うように，次の問いに英語で答えなさい。 (6点×2＝12点)

(a) What was Hyoju doing when Gon went down to the river?

____

(b) Did Gon steal an eel from Hyoju's basket?

____

Reading ①

まとめテスト　第2回

Word Web ②

教科書 pp.44 ～ 48

目標時間	得点
30分	／100

1 リスニング　対話を聞き，内容に合うものを○で囲みなさい。　(4点×2＝8点)

(1)　佐江は電話をもらったとき(家／図書館)にいた。

(2)　佐江はそこで(本を読んでいた／妹を連れていた)。

2 語句　英語は日本語に，日本語は英語にしなさい。　(3点×4＝12点)

(1)　ground　(　　　　　)　　(2)　door　(　　　　　)

(3)　奇妙な　st _ an _ e　　(4)　隣人　nei _ _ bor

3 適語補充　(　　)に適切な1語を入れて，日本語に合う英文にしなさい。(完答5点×3＝15点)

(1)　このごろ，とても寒いです。

(　　　　　)(　　　　　), it's so cold.

(2)　私はあたりを見回して，私の自転車を見つけました。

I (　　　　　)(　　　　　) and found my bike.

(3)　だれかがいつも公園を掃除します。

(　　　　　) always (　　　　　) the park.

4 整序　日本語に合う英文になるように，(　　)内の語句を並べかえて全文を書きなさい。

(5点×3＝15点)

(1)　私たちはあなたたちを手伝うためにここにいます。

(help / here / we / to / you / are).

____

(2)　彼女は私の部屋にCDを何枚か置いて行きました。

(my room / some CDs / she / in / left).

____

(3)　彼が私を信じないのなら，明日彼に電話をしましょう。

I (doesn't / call / if / him / tomorrow / me / he / believe / will).

____

5 **読解** 次の英文を読んで，あとの問いに答えなさい。 〔計50点〕

From the next day, Gon brought many chestnuts and left them at Hyoju's house. One night, Hyoju said to his neighbor. "These days ①strange things are happening. Every day I find chestnuts at my door. Someone brings them when I'm not at home. If you don't believe me, come to my house tomorrow."

The next day Gon brought chestnuts again. But this time Hyoju saw him. "Is he here to play a trick again? ②I'll stop him." Hyoju picked up his rifle and ③(shoot). Bang!

Gon fell to the ground. Hyoju looked around and found the chestnuts. "④It was you! You brought the chestnuts," he said. Gon nodded weakly. The rifle fell from Hyoju's hand. Smoke was still ⑤(rise) from the barrel.

(1) 下線部①の内容を，具体的に日本語で書きなさい。 (6点)

(　　　　　　　　　　　　　　　　　　　　　　　　　　　　)

(2) 下線部②で，兵十はだれに何をするのをやめさせようとしたのか。日本語で書きなさい。 (完答6点)

(　　　　　　　　)に(　　　　　　　　　　　　)のをやめさせようとした。

(3) ③，⑤の(　　)内の語を適する形に変えなさい。 (3点×2=6点)

③ (　　　　　　)　　⑤ (　　　　　　)

(4) 下線部④を，It が指す内容を具体的に示して日本語にしなさい。 (6点)

(　　　　　　　　　　　　　　　　　　　　　　　　　　　　)

(5) 本文の内容に合うものには○を，合わないものには×を書きなさい。 (7点×2=14点)

(a) When Hyoju found chestnuts, he didn't know Gon left them. (　　)

(b) Hyoju gave chestnuts to his neighbor. (　　)

(6) 本文の内容と合うように，次の問いに英語で答えなさい。 (6点×2=12点)

(a) Where did Hyoju find many chestnuts?

____

(b) Did Gon say anything to Hyoju?

____

PROGRAM 4-1

High-Tech Nature

教科書 pp.49 ～ 58

Word Web ③

1 比較級① -er

The gray cup is cuter than the yellow one.

(灰色のカップは黄色のカップよりかわいいですね。)

☑ 2つを比べて,「…よりも～です」と言うときは,〈形容詞[副詞]の比較級＋than〉の形を使います。

☑ 形容詞 cute は e で終わるので,比較級は語尾に r をつけます。

☑ 比較級の作り方

1．原則として,語尾に -er をつける。	high – higher
2．e で終わる語は,-r をつける。	large – larger
3．〈子音字＋y〉で終わる語は,y を i に変えて -er をつける。	easy – easier
4．例外として,語尾の子音字を重ねて -er をつける。	big – bigger

Check

1 (　　)内の語を適切な形に変えなさい。

(1) Mr. Taguchi is (old) than Mr. Imai.　(　　　　　　)

(2) Tomorrow will be (hot) than today.　(　　　　　　)

2 ＿＿に適切な1語を入れて,日本語に合う英文にしなさい。

📖(1) あの葉は私のぼうしよりも大きいです。

That leaf is ＿＿＿＿ ＿＿＿＿ my hat.

(2) 昨日,私は兄よりも早く寝ました。

I went to bed ＿＿＿＿ ＿＿＿＿ my brother yesterday.

★副詞 early の比較級も形容詞と同じように作ることができる。

2 比較級② more ～

The gray cup is more expensive than the yellow one.

(灰色のカップは黄色のカップより高いですね。)

☑ つづりが比較的長い形容詞や副詞の比較級は,前に more をつけます。

☑ more をつけて比較級をつくる形容詞・副詞には,interesting,famous,wonderful などがあります。

✓ Check

1 ＿＿に適切な１語を入れて，日本語に合う英文にしなさい。

(1) この歌はあの歌よりも人気がありますか。

Is this song ＿＿＿＿ ＿＿＿＿ ＿＿＿＿ that one?

★ popular「人気がある」の比較級は，more popular。

(2) 私は，サッカーはテニスよりもわくわくすると思います。

I think soccer is ＿＿＿＿ ＿＿＿＿ ＿＿＿＿ tennis.

2 次の日本語に合うように，(　　)内の語句を並べかえて書きなさい。

あの映画はこの映画よりも有名です。

That movie (this one / is / famous / than / more).

That movie ＿＿＿＿＿＿＿＿＿＿＿＿＿＿＿＿＿＿＿＿＿＿＿＿.

★ one は前に出た数えられる名詞のかわりに使う。

3 比較級③　better

① Meg is a **better** singer **than** Kumi.

(メグは久美よりもじょうずな歌手です。)

☑ good や well などの形容詞や副詞は，次のように特別な変化をして比較級を作ります。

good / well – better　　　　many / much – more

② I like summer **better than** winter.

(私は冬より夏のほうが好きです。)

☑「…より～のほうが好きです」は，like ～ better than ... の形で表します。

✓ Check

1 (　　)内の語を適切な形に変えなさい。１語とはかぎりません。

(1) 私の兄は父よりもじょうずな野球選手です。

My brother is a ＿＿＿＿ baseball player ＿＿＿＿ my father.

(2) 健太はボブよりもじょうずにピアノをひきます。

Kenta plays the piano ＿＿＿＿ ＿＿＿＿ Bob.　★副詞 well の比較級。

2 次の日本語に合うように，(　　)内の語を並べかえなさい。

沙織は数学より理科のほうが好きです。

Saori (math / likes / science / than / better).

Saori ＿＿＿＿＿＿＿＿＿＿＿＿＿＿＿＿＿＿＿＿＿＿＿＿.

まとめテスト　第1回

Word Web ③

教科書 pp.49 ～ 58

目標時間	得点
30分	／100

1 リスニング　対話を聞き，面積が大きい国順に番号を書きなさい。（4点）

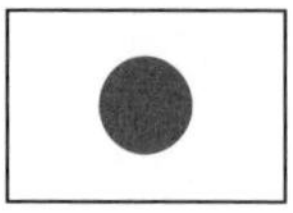
Japan（　　）

France（　　）

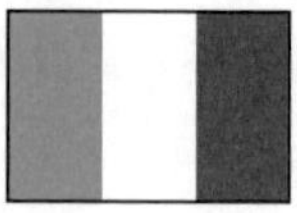
Italy（　　）

India（　　）

2 語句　英語は日本語に，日本語は英語にしなさい。（3点×4＝12点）

(1) hate　（　　　　　）　(2) paper　（　　　　　）

(3) 虹　r _ inb _ w　(4) 効果　_ ff _ ct

3 適語補充　（　　）に適切な１語を入れて，日本語に合う英文にしなさい。（完答5点×3＝15点）

(1) 彼は自分の家を古い寺にならって形作りました。

He (　　　　　) his house (　　　　　) an old temple.

(2) あなたがいなければ，私たちは試合に勝つことはないでしょう。

We won't win the game (　　　　　) (　　　　　).

(3) 私は雨のため，動物園に行きませんでした。

I didn't go to the zoo (　　　　　) (　　　　　) rain.

4 適語補充　次の英文を〔　〕内の指示にしたがって書きかえるとき，（　　）に適切な１語を入れなさい。（完答5点×4＝20点）

(1) I will study hard.〔「ジェーンよりも」と比較する文に〕　➡1

I will study (　　　　　) (　　　　　) Jane.

(2) This pencil is shorter than that one.〔ほぼ同じ意味を表す文に〕　➡1

That pencil is (　　　　　) (　　　　　) this one.

(3) My mother likes juice.〔「日本茶よりも」と比較する文に〕　➡3

My mother likes juice (　　　　　) (　　　　　) Japanese tea.

(4) I know my watch is cheaper than yours.〔ほぼ同じ意味を表す文に〕　➡2

I know your watch is (　　　　　) (　　　　　) (　　　　　) mine.

5 **整序** 日本語に合う英文になるように，(　　)内の語句を並べかえて全文を書きなさい。

(5点×3＝15点)

(1) 私はビルよりも速く走ることができます。 ➡1

(can / than / run / I / Bill / faster).

(2) 今日の小テストは昨日のよりも難しかったです。

(was / than / today's quiz / difficult / yesterday's one / more). ➡2

(3) ボブはポールよりも有名です。

(more / is / than / Bob / Paul / famous). ➡2

6 **英語で表現** あなたは友だちから，スポーツについてたずねられている。次のように答える場合，英語でどう言うか書きなさい。 (7点×2＝14点)

(1) サッカーよりも野球のほうがわくわくする場合 ➡2

(2) バレーボールよりバスケットボールのほうが好きな場合 ➡3

7 **読解** 次の会話文を読んで，あとの問いに答えなさい。 〔計20点〕

Emily: These lotus leaves are so big!

Jack: Yes. That leaf is bigger than my hat.

Emily: Look! The leaves are not wet. Raindrops are running off them. But why?

Jack: They are unique leaves. A Japanese company is using this effect with yogurt lids.

Emily: So yogurt doesn't stick to them!

Jack: That's right. People can get new ideas from nature. I know another example. It may be more interesting than yogurt lids.

Emily: What's that? Tell me about it.

(1) 下線部が指すものを，本文中から抜き出して書きなさい。 (6点)

(2) 本文の内容に合うように，次の問いに英語で答えなさい。 (7点×2＝14点)

(a) Are the lotus leaves dry when Emily sees them?

(b) What are running off the lotus leaves?

PROGRAM 4-1

まとめテスト　第2回

Word Web ③

教科書 pp.49～58

目標時間	得点
30分	／100

1 **リスニング** 気温についての説明を聞き，内容に合う都市を選び，記号で答えなさい。

(4点×3＝12点)

都市	4月	8月	12月
ア　Sydney	18.9℃	13.7℃	21.8℃
イ　Tokyo	21.3℃	28.2℃	7.8℃
ウ　London	10.5℃	18.5℃	5.7℃

(1)　(　　　)　　(2)　(　　　)　　(3)　(　　　)

2 **語句** 英語は日本語に，日本語は英語にしなさい。 (3点×4＝12点)

(1) carry　(　　　　　)　　(2) effect　(　　　　　)

(3) 葉　le＿＿　　(4) 解決する，解く　＿ol＿e

3 **適語補充** (　　)に適切な1語を入れて，日本語に合う英文にしなさい。(完答5点×2＝10点)

(1) あなたたちがこれらの箱を運んでくれて，助かりました。

You were (　　　　) (　　　　) carry these boxes.

(2) それぞれの生徒はコンピュータを1台持っています。

(　　　　) student (　　　　) a computer.

4 **適語補充** (　　)に適切な1語を入れて，日本語に合う英文にしなさい。(完答5点×5＝25点)

(1) 今日，私は私の兄よりも忙しかったです。 ➡1

I was (　　　　) (　　　　) my brother today.

(2) 日本では，バスケットボールよりも野球のほうが人気がありますか。 ➡2

Is baseball (　　　　) (　　　　) (　　　　) basketball in Japan?

(3) 私は，あなたの自転車のほうが私のよりもいいと思います。 ➡3

I think your bike is (　　　　) (　　　　) mine.

(4) 今朝，私の姉は私の母より早く起きました。 ➡1

My sister got up (　　　　) (　　　　) my mother this morning.

(5) あなたは雄太よりも一生懸命にサッカーを練習しましたか。 ➡1

Did you practice soccer (　　　　) (　　　　) Yuta?

5 **整序** 日本語に合う英文になるように，(　　)内の語句を並べかえて全文を書きなさい。

(5点×3＝15点)

(1) 北海道は四国よりも広いです。 ➡1

(is / than / larger / Shikoku / Hokkaido).

____

(2) これらの花はあれらのよりも美しいです。

(beautiful / those ones / these flowers / are / than / more). ➡2

____

(3) あなたはイヌよりもネコのほうが好きですか。

(better / like / you / dogs / than / do / cats)? ➡3

____

6 **英語で表現** あなたは自分の持ち物を説明している。英語でどう言うか書きなさい。

(7点×2＝14点)

(1) 自分のカメラは父のものよりいい ➡3

____

(2) 自分のかばんは兄のものより高い ➡2

____

7 **読解** 次の会話文を読んで，あとの問いに答えなさい。 〔計12点〕

Jack: Can you see that bird?
Emily: Yes, it's a kingfisher. I think it's the most beautiful bird of all.
Jack: The bird gave a hint to a Shinkansen engineer.
Emily: It did? How?
Jack: Well, the Shinkansen is the fastest train in Japan. But it made a loud noise when it entered tunnels.
Emily: Was the bird helpful to solve ①this problem?
Jack: Yes. It dives into water without a splash. ②That was a big hint. The engineer modeled the Shinkansen after the kingfisher's beak and head.

(1) 下線部①の内容を，日本語で書きなさい。 (6点)

(　　　　　　　　　　　　　　　　　　　　)

(2) 下線部②が指す内容を日本語で書きなさい。 (6点)

(　　　　　　　　　　　　　　　　　　　　)

PROGRAM 4-2

High-Tech Nature

教科書 pp.49 ～ 58

Word Web ③

1 最上級① -est

I feel June is the longest month of the year.

（6月は1年でいちばん長い月だと感じます。）

☑ 3つ以上を比べて「もっとも～です」と言うときは，〈the＋形容詞［副詞］の最上級〉の形を使います。

☑「～の中で」が「範囲・場所」の場合は〈in＋範囲・場所を表す語〉，「仲間・同類」の場合は〈of＋仲間・同類を表す語〉の形を使います。

☑ 最上級の作り方

1．原則として，語尾に -est をつける。	high – highest
2．e で終わる語は，-st をつける。	large – largest
3．〈y＋子音字〉で終わる語は，y を i に変えて -est をつける。	easy – easiest
4．例外として，語尾の子音字を重ねて -est をつける。	big – biggest

✓Check ＿＿に適切な1語を入れて，日本語に合う英文にしなさい。

(1) 新幹線は日本でもっとも速い列車です。

The Shinkansen is ＿＿＿＿ ＿＿＿＿ train in Japan.

(2) トムは3人の中でもっとも早く学校に来ます。

Tom comes to school ＿＿＿＿ ＿＿＿＿ of the three.

2 最上級② most ～

I think June is the most wonderful month.

（私は6月がいちばんすばらしい月だと思います。）

☑ つづりが比較的長い形容詞や副詞の最上級は，前に most をつけます。

✓Check ＿＿に適切な1語を入れて，日本語に合う英文にしなさい。

(1) これは彼の歌の中でもっとも人気がありますか。

Is this ＿＿＿＿ ＿＿＿＿ ＿＿＿＿ of his songs?

★ popular「人気がある」の最上級は，the most popular。

(2) 私は，カワセミはすべての中でもっとも美しい鳥だと思います。

I think the kingfisher is ＿＿＿＿ ＿＿＿＿ ＿＿＿＿ bird of all.

3 最上級③　best

① Meg is the best singer in my class.

（メグは私のクラスでもっとも歌がじょうずです。）

☑ good や well などの形容詞や副詞は，次のように特別な変化をして最上級を作ります。

good / well – best　　　　many / much – most

② I like summer the best of all the seasons.

（私はすべての季節の中で夏がもっとも好きです。）

☑「…の中で～がもっとも好きです」は，like ～ the best in[of] ... の形を使います。

✓Check　____に適切な１語を入れて，日本語に合う英文にしなさい。

(1) 彼は家族の中でいちばんじょうずに英語を話すことができます。

He can speak English ______ ______ in his family.　★ well の最上級は the best。

(2) エイミーは全員の中でいちばんじょうずな選手です。

Amy is ______ ______ player of all.　★ good の最上級は the best。

4 as ～ as ...

① I think this cup is as big as hers.

（このカップは彼女のカップと同じくらいの大きさだと思います。）

☑ 程度が同じくらいであることを表すときは，〈as＋形容詞[副詞]の原級＋as〉の形を使います。

② This cup is not as heavy as hers.

（このカップは彼女のカップほど重くありません。）

☑「…ほど～ない」は，〈not as＋形容詞[副詞]の原級＋as〉の形を使います。

✓Check　____に適切な１語を入れて，日本語に合う英文にしなさい。

(1) あなたのギターは私のものと同じくらい古いです。

Your guitar is ______ ______ ______ mine.

★「…と同じくらい～」は，〈as＋形容詞[副詞]の原級＋as〉の形で表す。

(2) トムは彼のおかあさんと同じくらいじょうずにピアノをひくことができます。

Tom can play the piano ______ ______ ______ his mother.

(3) 私は真紀ほど注意深くありません。

I'm ______ ______ careful ______ Maki.

PROGRAM 4-2

まとめテスト　第1回

Word Web ③

教科書 pp.49 ~ 58

目標時間	得点
30分	／100

1 リスニング　3人の身長の話を聞き，等号(=)か不等号(>，<)を書きなさい。

（完答4点）

（　　　）

（　　　）

Ichiro　　Koji　　Kenta

2 語句　英語は日本語に，日本語は英語にしなさい。　（2点×4=8点）

(1) without　（　　　　　）　　(2) give　（　　　　　）

(3) しかし　＿ o ＿ ever　　(4) 生物　cr ＿ at ＿ re

3 適語補充　（　）に適切な1語を入れて，日本語に合う英文にしなさい。　（完答4点×2=8点）

(1) 英語と数学では，どちらのほうがあなたにとって難しいですか。

（　　　　）is（　　　　）difficult for you, English（　　　　）math?

(2) ジャムが私のジャケットにくっついているので，私はそれを洗わなければいけません。

Jam（　　　　）（　　　　）my jacket, so I must wash it.

4 適語選択　（　）内から適切な語句を選び，○で囲みなさい。　（5点×7=35点）

(1) Sam is the (tall, taller, tallest) in our class.　➡1

(2) I'm the youngest (in, of) the six.　➡1

(3) Can you play the guitar the (well, better, best) in your family?　➡3

(4) This book was the (interesting, more interesting, most interesting) in the school library.　➡2

(5) That hospital is as (old, older, oldest) as our house.　➡4

(6) My bag isn't as (heavy, heavier, heaviest) as hers.　➡4

(7) I think this dictionary is the (useful, more useful, most useful) of the seven. I'll get it.　➡2

5 **整序** 日本語に合う英文になるように，(　　)内の語句を並べかえて全文を書きなさい。

(5点×4＝20点)

(1) 金沢は日本でもっとも美しい都市ですか。

(Kanazawa / the / Japan / most / city / in / is / beautiful)? ➡2

____

(2) 英次はその５人の中でいちばんじょうずに英語を話すことができます。

Eiji (best / can / of / the / speak / the five / English). ➡3

____

(3) 私にとって，サッカーは野球と同じくらいわくわくします。

(exciting / baseball / for / soccer / is / as / as) me. ➡4

____

(4) 私は毎朝，母ほど早くは起きません。

(up / as / as / I / get / my mother / early / every / don't) morning. ➡4

____

6 **英語で表現** あなたは友だちに，いちばん好きなものをたずねられている。次のように答える場合，英語でどう言うか書きなさい。

(5点×2＝10点)

(1) すべての科目で国語が好きだと答える場合 ➡3

____

(2) すべての動物でネコが好きだと答える場合 ➡3

____

7 **読解** 次の英文を読んで，あとの問いに答えなさい。

(5点×3＝15点)

> These are bee robots. Each robot is as small as a penny, a U.S. coin. It's not as heavy as a paper clip. It's able to fly in the sky.

本文の内容に合うように，(　　)に適切な１語を入れなさい。

(a) Each bee robot is small (　　　　　) a U.S. coin.

(b) A paper clip is (　　　　　) than a bee robot.

(c) Bee robots (　　　　　) fly in the sky.

PROGRAM 4-2

まとめテスト　第2回

Word Web ③

教科書 pp.49 ~ 58

目標時間	得点
30分	／100

1 リスニング　対話を聞き，内容に合うものを○で囲みなさい。　(4点×2＝8点)

(1)　ビルのおかあさんは，彼と弟にかばんを(買って／作って)くれた。

(2)　ビルのかばんは彼の弟のかばんより(大きい／小さい)。

2 語句　英語は日本語に，日本語は英語にしなさい。　(3点×4＝12点)

(1)　potential　(　　　　　)　　(2)　search　(　　　　　)

(3)　空間　spa _ _　　(4)　農業　ag _ i _ ulture

3 適語補充　(　　)に適切な1語を入れて，日本語に合う英文にしなさい。　(完答4点×2＝8点)

(1)　彼は朝食を食べなかったので，今おなかがすいています。

He is hungry now (　　　　　) he (　　　　　) have breakfast.

(2)　私の母は若いとき，じょうずに泳ぐことができました。

My mother was (　　　　　) (　　　　　) swim well when she was young.

4 適語補充　(　　)に適切な1語を入れて，日本語に合う英文にしなさい。(完答5点×6＝30点)

(1)　この質問は5つの中でいちばん難しいです。　➡2

This question is the (　　　　　) (　　　　　) (　　　　　) the five.

(2)　私の父は今日，母と同じくらい早く帰宅しました。　➡4

My father came home (　　　　　) (　　　　　) (　　　　　) my mother today.

(3)　私の机は彼女のものほど新しくありません。　➡4

My desk is (　　　　　) (　　　　　) new (　　　　　) hers.

(4)　富士山は日本でいちばん高い山です。　➡1

Mt. Fuji is (　　　　　) (　　　　　) mountain (　　　　　) Japan.

(5)　私の父は家族の中でいちばんサッカーがじょうずです。　➡3

My father is the (　　　　　) soccer player (　　　　　) my family.

(6)　あなたはすべてのくだものの中で何がいちばん好きですか。　➡3

(　　　　　) do you like the (　　　　　) of all the fruits?

5 **整序** 日本語に合う英文になるように，(　　)内の語句を並べかえて全文を書きなさい。

(5点×3＝15点)

(1) 前田先生はすべての先生の中でもっとも忙しいです。 ➡1

(is / the / the / of / busiest / teachers / Ms. Maeda / all).

____

(2) 彼女の話は彼の話ほどおもしろくありませんでした。 ➡4

(as / her story / was / his / as / interesting / not).

____

(3) 彼はすべての科目の中で数学がいちばん好きですか。 ➡3

(all / the / like / he / math / best / does / the subjects / of)?

____

6 **英語で表現** あなたは友だちに自分と弟のことをたずねられている。次のように答える場合，英語でどう言うか。英語で書きなさい。 (6点×2＝12点)

(1) 自分と弟は同じくらいの背の高さだと答える場合 ➡4

____

(2) 自分は弟ほど熱心にテニスの練習をしないと答える場合 ➡4

____

7 **読解** 次のハチのロボットについての英文を読んで，あとの問いに答えなさい。〔計15点〕

> These robots have ①<u>great potential</u>. In agriculture, they will carry pollen to flowers like bees. ②<u>They will also be useful for search and rescue</u> because they can go into narrow spaces.
>
> Each living thing has amazing talents. We can learn a lot from plants and creatures.

(1) 下線部①の農業での例を，日本語で書きなさい。 (5点)

(　　　　　　　　　　　　　　　　　　　　)

(2) 下線部②の理由を，日本語で書きなさい。 (5点)

(　　　　　　　　　　　　　　　　　　　　)

(3) 本文の内容に合うように，次の問いに英語で答えなさい。 (5点)

What can teach a lot to us?

____

目標時間	得点
30分	／100

1 **リスニング** 次の各問いに答えなさい。

(1) イラストを参考にしながら対話と応答を聞き，最も適切な応答をア～ウの中から一つ選んで書きなさい。 (6点×3＝18点)

(a) (　　　　)　(b) (　　　　)　(c) (　　　　)

(2) 英文と質問を聞き，その答えとして最も適切なものをア～エの中から一つ選んで書きなさい。 (6点)

ア　To play basketball.　イ　To watch basketball games.
ウ　To practice basketball.　エ　To watch TV with Jim. (　　　　)

2 **適語補充** (　　)に適切な１語を入れて，日本語に合う英文にしなさい。(完答6点×3＝18点)

(1) 刺身が好きな人もいれば，食べられない人もいます。

(　　　　) people like *sashimi*. (　　　　) cannot eat it.

(2) 明日３時にここに戻ってきなさい。

(　　　　) (　　　　) here at three tomorrow.

(3) この動物園では動物をすぐ近くで見ることができます。

You can see animals (　　　　) (　　　　) in this zoo.

3 **適文選択** 次の会話について，(　　)に入れるのに最も適切なものを下のア～エの中から一つ選んで書きなさい。 (7点×2＝14点)

(1) *Girl :* Last Sunday I visited the zoo. I enjoyed watching a lot of animals.

(　　　　)　➡P3 2 P4-2 3

Boy : I like lions the best. They're so strong.

ア　Do you like strong animals?　イ　What did you do in the zoo?
ウ　Do you like lions or tigers?　エ　What animal do you like the best?

(2) *Girl :* I want to work abroad someday. Please tell me about your dream. ➡P3 1

Boy : (　　　　)

ア　Your dream will come true.　イ　I want to live in Canada.
ウ　Telling about our dreams is exciting.　エ　It's the most interesting.

4 **英語で表現** デイビスになったつもりで恵の質問に5語以上の英語で書きなさい。 ➲P3 1

（8点）

____

5 **読解** 次の会話文を読んで，あとの問いに答えなさい。 〔計36点〕

Mao:	Do people in the U.S. enjoy street food too?
Daniel:	Yes. There are many street vendors in New York. We enjoy ①(eat) outside.
Mao:	②(kind / do / of / you / what / have / food)?
Daniel:	We have pretzels, lobster rolls, *ramen* burgers, and so on.
Mao:	③*Ramen* burgers? What are they like?
Daniel:	They use *ramen* noodles instead of buns.
Mao:	Sounds delicious. Mmm, my mouth is watering.

(1) ①の(　　)内の語を適切な形に変えなさい。 （7点）

(　　　　　　　)

(2) 下線部②が「あなたたちはどんな種類の食べ物を食べますか」という意味になるように，(　　)内の語を並べかえて全文を書きなさい。 （7点）

____

(3) 下線部③はどのようなものか。日本語で書きなさい。 （8点）

(　　　　　　　　　　　　　　　　　　　　　　　　)

(4) 本文の内容に合うものには○を，合わないものには×を書きなさい。 （7点×2＝14点）

(a) People in the U.S. enjoy street food. (　　　)

(b) Mao doesn't want to eat a *ramen* burger. (　　　)

定期テスト予想問題2　第2回

PRGRAM 3 ～ Word Web ③

教科書 pp.29 ～ 58

目標時間	得点
30分	／100

1 **リスニング** 次の各問いに答えなさい。

(1) イラストを参考にしながら対話と応答を聞き，最も適切な応答をア～ウの中から一つ選んで書きなさい。 (5点×3＝15点)

(a) (　　　　)

(b) (　　　　)

(c) (　　　　)

(2) 英文と質問を聞き，その答えとして最も適切なものをア～エの中から一つ選んで書きなさい。 (5点)

ア To the bookstore.　　イ To John's house.

ウ To the restaurant.　　エ To Misa's house.　　(　　　　)

2 **適語補充** (　　)に適切な1語を入れて，日本語に合う英文にしなさい。(完答7点×3＝21点)

(1) 彼は来年には泳げるようになるでしょう。

He'll be (　　　　) (　　　　) swim next year.

(2) 私は将来，有名なテニス選手になりたいです。

I want to be a famous tennis player (　　　　) the (　　　　).

(3) 私はとても疲れているので，早く寝るつもりです。

I'm going to go to bed early (　　　　) I am so tired.

3 **適文選択** 次の会話について，(　　)に入れるのに最も適切なものを下のア～エの中から一つ選んで書きなさい。 (7点×2＝14点)

(1) *Girl :* I want to go and see a bird show at the zoo. Will you be free next Sunday? ➡P3 1

Boy : Sorry, I'm not sure. I'll check it. (　　　　)

ア You'll enjoy it.　　イ I think you don't know it.

ウ I'll call you tomorrow.　　エ It can swim fast.

(2) *Girl :* There are two books on my desk. I'll read one of them. (　　　　) ➡P4-1 2

Boy : I think this one is. I read these books last year.

ア Which is more interesting?　　イ Did you have them?

ウ Do you like reading?　　エ When did you read them?

4 **英語で表現** 光司になったつもりでメアリーの質問に2文以上の英語で書きなさい。 ➲P4-2 1

(8点)

5 **読解** 次の会話文を読んで，あとの問いに答えなさい。 〔計37点〕

Jack: Can you see that bird?

Emily: Yes, it's a kingfisher. ①I think it's (　　) most (　　) bird (　　) all.

Jack: The bird gave a hint to a Shinkansen engineer.

Emily: It did? How?

Jack: Well, the Shinkansen is the fastest train in Japan. But it made a loud noise when it entered tunnels.

Emily: ②Was the bird helpful to solve this problem?

Jack: Yes. It dives into water without a splash. That was a big hint. The engineer modeled the Shinkansen after the kingfisher's beak and head.

(1) 下線部①が「私は，それはすべての中でもっとも美しい鳥だと思います」という意味になるように，(　　)に適切な1語を入れなさい。 (完答8点)

(　　　　　　), (　　　　　　), (　　　　　　)

(2) 下線部②の意味を this problem の内容を具体的に示して，日本語で書きなさい。(8点)

(　　　　　　　　　　　　　　　　　　　　　　　　)

(3) 本文の内容に合うものには○を，合わないものには×を書きなさい。 (7点×3＝21点)

(a) The Shinkansen engineer got a hint from a bird. (　　)

(b) The kingfisher makes a splash when it dives into water. (　　)

(c) The engineer modeled the Shinkansen after the kingfisher's beak and head. (　　)

PROGRAM 5-1

Work Experience

教科書 pp.59 ~ 68

Power-Up 3

1 〈疑問詞＋to ～〉

① I don’t know how to do *kendama*.

（私にはけん玉の仕方がわかりません。）

☑「どのように～するか，～の仕方」と言うときは，〈how to＋動詞の原形〉の形を使います。how 以下が動詞の目的語になります。

② I don’t know what to do next.

（私は次に何をしたらよいのかわかりません。）

☑「何を～したらよいか」と言うときは，〈what to＋動詞の原形〉の形を使います。

☑ このほかの〈疑問詞＋to＋動詞の原形〉には，when to ～「いつ～したらよいか」，where to ～「どこへ[に]～したらよいか」などがあります。

疑問文や否定文でも，〈疑問詞＋to＋動詞の原形〉の形は変わらないよ。

✓Check ＿＿に適切な１語を入れて，日本語に合う英文にしなさい。

(1) 私は次に何を作ればよいのか知っていました。

I knew ＿＿＿＿ ＿＿＿＿ make next.

★「何を～したらよいか」は〈what to＋動詞の原形〉の形で表す。

📖(2) 私は多くの商品をたなにどのようにじょうずに並べるかを学びました。

I learned ＿＿＿＿ ＿＿＿＿ place many goods on the shelves well.

★「どのように～するか」は〈how to＋動詞の原形〉の形で表す。

(3) あなたはいつここを出発したらよいか知っていますか。

Do you know ＿＿＿＿ ＿＿＿＿ leave here?

★「いつ～したらよいか」は〈when to＋動詞の原形〉の形で表す。

(4) ベスはどこでギターをひいたらよいか知りませんでした。

Beth didn’t know ＿＿＿＿ ＿＿＿＿ play the guitar.

★「どこで～したらよいか」は〈where to＋動詞の原形〉の形で表す。

2 〈look＋形容詞〉, 〈get＋形容詞〉, 〈become＋形容詞[名詞]〉

① You look tired.

(あなたは疲れているように見えます。)

☑「～に見える」「～のようだ」と人やものの様子を言うときは，〈look＋形容詞〉の形を使います。

② I got tired.

(私は疲れました。)

You'll become a good athlete.

(あなたはすばらしいアスリートになるでしょう。)

You look tired. のtired のように，動詞の意味を補う語を「補語」と言うよ。

☑「～になる」と言うときは，〈get＋形容詞〉または〈become＋名詞[形容詞]〉の形を使います。

例 We got excited.「私たちは興奮しました。」

☑ become のあとには名詞だけでなく，形容詞を続けることもできます。

例 You'll become famous.「あなたは有名になるでしょう。」

look ～や become ～の文は，be 動詞の文と作りがよく似ているよ。

・You look tired.（あなたは疲れているように見えます。）
…実際に疲れているかはわからない。
You are tired.（あなたは疲れています。）…実際に疲れている。

・You'll become a good athlete.（あなたはすばらしいアスリートになるでしょう。）
You'll be a good athlete.（あなたはすばらしいアスリートになるでしょう。）
…become の文とほぼ同じ意味。

Check ___に適切な１語を入れて，日本語に合う英文にしなさい。

(1) あなたのおかあさんは具合が悪そうに見えます。

Your mother _______ _______.

★「～に見える」は〈look＋形容詞〉で表す。

(2) 健のお姉さんは今年，歯医者になりました。

Ken's sister _______ a dentist this year.

★「～になる」は〈become＋名詞[形容詞]〉で表す。ここは過去の文なので，過去形 became を使う。

(3) その歌手は人気が出ました。

The singer _______ _______.

★〈get＋形容詞〉または〈become＋形容詞〉の形で表す。

PROGRAM 5-1

まとめテスト　第1回

Power-Up 3

教科書 pp.59 ～ 68

目標時間	得点
30分	／100

1 **リスニング** サムと久美の対話を聞き，サムが遊び方を知っているものに○を，知らないものには×を書きなさい。 (2点×4＝8点)

(1) 
(　　)

(2) 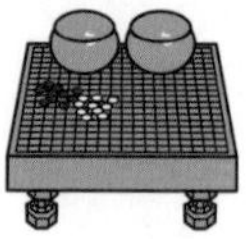
(　　)

(3) 
(　　)

(4) 

(　　)

2 **語句** 英語は日本語に，日本語は英語にしなさい。 (2点×4＝8点)

(1) story　(　　　　　　)　(2) glad　(　　　　　　)

(3) 娘　da _ ght _ r　(4) たな　_ _ elf

3 **適語補充** (　　)に適切な1語を入れて，日本語に合う英文にしなさい。(完答4点×3＝12点)

(1) 私の母はバドミントンが得意です。

My mother (　　　　　　) (　　　　　　) (　　　　　　) badminton.

(2) 真美は看護師になるために行動を起こしました。

Mami (　　　　　　) (　　　　　　) to be a nurse.

(3) 私たちは昨日，サッカーの試合に勝ちました。―― よかったですね。

We won the soccer game yesterday.

―― (　　　　　　) (　　　　　　) you.

4 **適語補充** 英文の意味を表す日本文を完成しなさい。 (5点×4＝20点)

(1) Do you know how to cook curry rice? →1

あなたは(　　　　　　　　　　　　　　　　)を知っていますか。

(2) He didn't know what to buy at the supermarket. →1

彼はスーパーマーケットで(　　　　　　　　　　　　　　　　)知りませんでした。

(3) Mr. Okada looked so sad. →2

岡田先生は(　　　　　　　　　　　　　　　　)。

(4) My brother will become an English teacher. →2

私の兄は(　　　　　　　　　　　　　　　　)。

5 **整序** 日本語に合う英文になるように，(　　)内の語句を並べかえて全文を書きなさい。

(6点×2＝12点)

(1) 彼らはいつ教室を掃除したらよいのか知っています。 ➡1

(clean / to / know / they / the classroom / when).

＿＿＿＿＿＿＿＿＿＿＿＿＿＿＿＿＿＿＿＿＿＿＿＿＿＿＿＿

(2) 私はもうすぐ暗くなると思います。

I (become / think / will / soon / dark / it). ➡2

＿＿＿＿＿＿＿＿＿＿＿＿＿＿＿＿＿＿＿＿＿＿＿＿＿＿＿＿

6 **英語で表現** あなたは友だちに，自分が知らないことを伝えたい。英語でどう言うか書きなさい。

(7点×2＝14点)

(1) ケーキの作り方 ➡1

＿＿＿＿＿＿＿＿＿＿＿＿＿＿＿＿＿＿＿＿＿＿＿＿＿＿＿＿

(2) バスケットボールを練習する場所 ➡1

＿＿＿＿＿＿＿＿＿＿＿＿＿＿＿＿＿＿＿＿＿＿＿＿＿＿＿＿

7 **読解** 次の会話文を読んで，あとの問いに答えなさい。 〔計26点〕

Mao: How was your work experience?

Daniel: It was good. The staff members treated me very kindly.

Mao: Good for you. So what did you do?

Daniel: I placed many goods on the shelves. I learned how to do ①<u>it</u> well. But I dropped a pack of eggs on the floor by mistake.

Mao: Oh, no!

Daniel: No one blamed me, but I couldn't forget about ②<u>it</u> all day.

Mao: It's OK. We all make mistakes.

(1) 下線部①・②が指す内容を，日本語で書きなさい。 (6点×2＝12点)

① (　　　　　　　　　　　　　　　　　　　　　　　　)

② (　　　　　　　　　　　　　　　　　　　　　　　　)

(2) 本文の内容に合うものには○を，合わないものには×を書きなさい。 (7点×2＝14点)

(a) The staff members were kind to Daniel. (　　)

(b) Someone blamed Daniel when he made a mistake. (　　)

PROGRAM 5-1

まとめテスト　第2回

Power-Up 3

教科書 pp.59 ～ 68

目標時間	得点
30分	／100

1 リスニング　3つの対話を聞き，内容に合う絵を選び，記号で答えなさい。（4点×3＝12点）

ア

イ

ウ

エ

(1)（　　）　(2)（　　）　(3)（　　）

2 語句　英語は日本語に，日本語は英語にしなさい。（2点×4＝8点）

(1) lend　（　　　　）　(2) mistake　（　　　　）

(3) 扱う　tr _ _ t　(4) 覚えている，思い出す　re _ e _ ber

3 適語補充　（　）に適切な1語を入れて，日本語に合う英文にしなさい。（完答4点×2＝8点）

(1) 私は昨夜，有希に何度も電話をしました。

I called Yuki (　　　　) (　　　　) last night.

(2) 私の兄はよく間違えて私のかさを使います。

My brother often uses my umbrella (　　　　) (　　　　).

4 適語補充　（　）に適切な1語を入れて，日本語に合う英文にしなさい。（完答5点×6＝30点）

(1) あの5人の先生たちはとてもうれしそうに見えます。 ➡2

Those five teachers (　　　　) so (　　　　).

(2) メイはこれらの花の育て方を知っていますか。 ➡1

Does Mei know (　　　　) (　　　　) (　　　　) these flowers?

(3) 私は明日，忙しくなるでしょう。 ➡2

I'll (　　　　) (　　　　) tomorrow.

(4) 私は何を勉強したらよいか知りたいです。 ➡1

I want to know (　　　　) (　　　　) (　　　　).

(5) 彼らはいつ窓を開けたらよいのか知りませんでした。 ➡1

They didn't know (　　　　) (　　　　) (　　　　) the window.

(6) 母のケーキはとてもおいしそうに見えました。 ➡2

My mother's cake (　　　　) (　　　　).

5 **整序** 日本語に合う英文になるように，(　　)内の語を並べかえて全文を書きなさい。

(5点×2＝10点)

(1) 私たちはどこでサッカーを練習したらよいのか知りたいです。 ➡1

(want / know / we / where / to / soccer / practice / to).

____

(2) 彼は野球の試合を見ているとき，わくわくしているように見えました。

He (looked / he / watching / when / was / excited) the baseball game. ➡2

____

6 **英語で表現** あなたは友だちに，明日の天候をたずねられている。次のように答える場合，英語でどう言うか書きなさい。ただし(　　)内の語を使うこと。(7点×2＝14点)

(1) 寒くなると答える場合（become） ➡2

____

(2) 晴れて風が強くなると答える場合（become） ➡2

____

7 **読解** 次の会話文を読んで，あとの問いに答えなさい。 〔計18点〕

Daniel: Mao, where did you work?
Mao: At a hospital. Everything was new to me.
Daniel: What do you remember the most?
Mao: Well, I saw an old man in the waiting room. He looked lonely. So I decided to speak to him.
Daniel: You spoke to him? What did you talk about?
Mao: I just tried to be a good listener. He looked very happy while he was talking.
Daniel: You did a good job.
Mao: Thanks. I learned that to take action was important.

(1) 真央が病院での体験から学んだことはどんなことか。日本語で書きなさい。 (6点)

(　　　　　　　　　　　　　　　　　　　　　　　　　　　　　　)

(2) 本文の内容に合うように，次の問いに英語で答えなさい。 (6点×2＝12点)

(a) Why did Mao speak to an old man?

____

(b) Did Mao talk about herself while she was with an old man?

____

PROGRAM 5-2

Work Experience

教科書 pp.59 ～ 68

Power-Up 3

1 〈主語＋動詞＋人＋もの〉

① I'll show *you* my score.

（私の点数を見せましょう。）

☑「～に…を見せる[買う]」と言うときは，show や buy のあとに〈人＋もの〉を続けます。

☑ この場合，「人」も「もの」も動詞の目的語になります。

☑ この形の文では，ほかに give，buy，send などの動詞も使えます。

② My grandfather gave *me* his watch.

＝ My grandfather gave his watch to *me*.

（私の祖父は私に彼の時計をくれました。）

☑〈主語＋動詞＋人＋もの〉を〈主語＋動詞＋もの＋to[for]＋人〉の語順でも表せます。

☑〈主語＋動詞＋もの＋to[for]＋人〉の文では，「もの」が動詞の目的語になります。

1. to を使う動詞：give，show，teach，tell など

例 My father gave me a bag. → My father **gave** a bag **to** *me*.
（父は私にかばんをくれました。）

2. for を使う動詞：buy，cook，get，make など

例 I bought her a bag. → I **bought** a bag **for** *her*.
（私は彼女にかばんを買いました。）

✓Check ____に適切な１語を入れて，日本語に合う英文にしなさい。

(1) 祖母はときどき私たちに朝食を作ってくれます。

My grandmother sometimes _______ _______ breakfast.

★ My grandmother sometimes makes breakfast for us. と書きかえることができる。

📖(2) 私たちは彼女にその包みを渡しました。

We _______ _______ the package.

★ We gave the package to her. と書きかえることができる。

(3) 私におもしろい話をしてください。

Please _______ _______ an interesting story.

★ Please tell an interesting story to me. と書きかえることができる。

(4) ジョンは彼らにコンピュータを買いましたか。

Did John _______ a computer _______ them?

★ Did John buy them a computer? と書きかえることができる。

2 Would you like ～? / would like to ～.

① Would you like something to drink?

（何かお飲み物はいかがでしょうか。）

☑「～はいかがですか」とていねいに勧めるときは，Would you like ～? という形を使います。

☑ would は will「～しようと思う」の過去形です。

☑ レストランで使う表現には，ほかに次のようなものがあります。

・Are you ready to order?（ご注文をよろしいですか。）
… 注文をとるときに使う表現

・How would you like ～?（～はいかがなさいますか。）
… 料理の焼き具合や調理方法などをたずねるときに使う表現

② I'd like to have pizza.

（私はピザを食べたいです。）

☑「～したいと思う」とていねいに自分の願望を伝えるときは，would like to ～ という形を使います。

☑ would like to ～ は want to ～ のていねいな形です。

☑ I would は I'd と省略できます。we would は we'd と省略できます。

✓Check ＿＿に適切な１語を入れて，日本語に合う英文にしなさい。

(1) お水はいかがですか。

＿＿＿＿ you ＿＿＿＿ some water?

(2) コーヒーはいかがですか。

＿＿＿＿ ＿＿＿＿ like some coffee?

(3) 私はオレンジジュースをいただきたいと思います。

＿＿＿＿ ＿＿＿＿ ＿＿＿＿ have orange juice.

(4) （料理を）二人で分けたいです。

We'd ＿＿＿＿ ＿＿＿＿ ＿＿＿＿.

★「分かち合う」は share。

PROGRAM 5-2

まとめテスト　第1回

Power-Up 3

教科書 pp.59～68

目標時間	得点
30分	／100

1 リスニング　由美とトムの対話を聞き，内容に合うものに○，合わないものに×を書きなさい。（4点×3＝12点）

(1) トムはメアリーにテニスボールを買おうと思っている。（　　）

(2) 由美はメアリーにケーキを買おうと思っている。（　　）

(3) 由美はメアリーに誕生日のカードを渡そうと思っている。（　　）

2 語句　英語は日本語に，日本語は英語にしなさい。（2点×4＝8点）

(1) son（　　　　）　(2) alone（　　　　）

(3) メートル　m _ t _ r　(4) 重要性，大切さ　i _ p _ rtance

3 適語補充　（　）に適切な1語を入れて，日本語に合う英文にしなさい。（完答4点×5＝20点）

(1) 彼は丘を歩いて登って，とても疲れました。

He (　　　　) (　　　　) the hill and got very tired.

(2) 私は自分のかばんがベッドの上にあるのに気づきました。

I (　　　　) (　　　　) my bag was on the bed.

(3) こんにちは，マイク。

Good (　　　　), Mike.

(4) このピザはおいしいです。

This pizza (　　　　) good.

(5) (注文を終えて)まずはそれで全部です。

That's (　　　　) (　　　　) now.

4 適語選択　（　）内から適切な語を選び，○で囲みなさい。（3点×6＝18点）

(1) Please show your album to (I, my, me).　➡1

(2) (Will, Would) you like some tea?　➡2

(3) I'm going to cook lunch (to, for) my family.　➡1

(4) Ms. Sawada teaches (we, our, us) English every Wednesday.　➡1

(5) I'll tell my idea (to, for) you tomorrow.　➡1

(6) Tell (she, her) your phone number.　➡1

5 **整序** 日本語に合う英文になるように，(　　)内の語句を並べかえて全文を書きなさい。

(5点×3＝15点)

(1) 私の姉は今日，私に英語を教えてくれませんでした。 ➡1

(me / my sister / English / teach / didn't) today.

____

(2) 彼は私に CD を何枚か買ってくれるでしょう。

(some CDs / me / will / he / buy / for). ➡1

____

(3) たまごはいかがなさいますか。

(like / would / your egg / you / how)? ➡2

____

6 **英語で表現** あなたは友だちに，今度のクリスマスのことをたずねられている。次のように答える場合，英語でどう言うか書きなさい。 (5点×2＝10点)

(1) 妹にクッキーを作るつもりだと答える場合 ➡1

____

(2) 祖父にクリスマスカードを送るつもりだと答える場合 ➡1

____

7 **読解** 健が職業体験について発表している英文を読んで，あとの問いに答えなさい。〔計17点〕

> I worked at a post office. On the third day, I went to a house on a hill with a mailman. We walked up the hill with a big package. It was a hot day, so we got all sweaty.
>
> An old woman lived there alone. When we gave her the package, she found out it was from her son. She looked very happy and thanked us many times. I was so glad to see <u>that</u>. This work experience taught me the importance of working for others.

(1) 下線部が指す内容を，日本語で書きなさい。 (5点)

(　　　　　　　　　　　　　　　　　　　　)

(2) 本文の内容に合うものには○を，合わないものには×を書きなさい。 (4点×3＝12点)

(a) Ken and the mailman were all sweaty because it was hot that day. (　　)

(b) An old woman lived with her son. (　　)

(c) After the work experience, Ken found out working for others was important. (　　)

PROGRAM 5-2

まとめテスト　第2回

Power-Up 3

教科書 pp.59 ～ 68

目標時間	得点
30分	／100

1 リスニング　対話を聞き，内容に合う絵を選び，記号で答えなさい。 (5点)

ア

イ

ウ

エ

(　　　)

2 語句　英語は日本語に，日本語は英語にしなさい。 (3点×4＝12点)

(1) waiting room　(　　　　　　)　　(2) excited　(　　　　　　)

(3) 寂しい　l＿n＿ly　　(4) 退屈した　＿＿red

3 適語補充　(　　)に適切な1語を入れて，日本語に合う英文にしなさい。(完答5点×2＝10点)

(1) 私たちは日曜日に，この公園を掃除したいと思います。

We (　　　　　) like (　　　　　) clean this park on Sunday.

(2) あなたたちはハイキングに行く準備はできていますか。

Are you (　　　　　) (　　　　　) go hiking?

4 適語補充　各組がほぼ同じ意味になるように，(　　)に適切な1語を入れなさい。

(完答5点×5＝25点)

(1) I gave her a birthday present. ➡1

I gave a birthday present (　　　　　) (　　　　　).

(2) Does your father often make lunch for you on Saturday? ➡1

Does your father often make (　　　　　) (　　　　　) on Saturday?

(3) Do you want steak? ➡2

(　　　　　) you like steak?

(4) I'll send them some comic books. ➡1

I'll send some comic books (　　　　　) (　　　　　).

(5) Mr. Smith will tell us an exciting story. ➡1

Mr. Smith will tell an exciting story (　　　　　) (　　　　　).

5 **整序** 日本語に合う英文になるように，(　　)内の語句を並べかえて全文を書きなさい。

(6点×3＝18点)

(1) 私にコーヒーをください。

(some coffee / me / give), please. →1

(2) くだものはいかがですか。

(like / would / some fruits / you)? →2

(3) 私はあなたに私たちの学校の写真を見せましょう。 →1

(you / I'll / of / our school / show / to / some pictures).

6 **英語で表現** あなたは昼食の時間に，友だちに次のことを伝えたい。英語でどう言うか書きなさい。ただし(　　)内の語を使うこと。 (7点×2＝14点)

(1) 牛乳を勧める場合（would） →2

(2) バナナを2本勧める場合（would） →2

7 **読解** 次の会話文を読んで，あとの問いに答えなさい。 (8点×2＝16点)

Staff: Good afternoon. How many in your party?
Kaho: Three. Can we have a table by the window?
Staff: Sure. Come this way.
(席に着いた果歩は注文します)
Staff: Are you ready to order?
Kaho: Yes. I'd like to have pizza. What do you recommend?
Staff: I recommend the Sunshine Pizza. It tastes good.
Kaho: Oh, does it? Then, I'll have it.
Staff: Great. Anything else?
Kaho: That's all for now.

本文の内容に合うものには○を，合わないものには×を書きなさい。

(a) There aren't any tables by the window. (　　)

(b) Kaho ordered only the Sunshine Pizza. (　　)

PROGRAM 6

Live Life in True Harmony

教科書 pp.69 ~ 83

Steps 3 / Our Project ⑤

1 受け身を表す文（肯定文・否定文・疑問文）

I think fresh cream is used.

（生クリームが使われていると思います。）

- 「~され(てい)る[た]」と言うときは，〈be 動詞＋過去分詞〉の形で表します。
- 受け身の疑問文は，be 動詞を主語の前に置きます。それに対しては，〈Yes, 主語＋be 動詞.〉あるいは〈No, 主語＋be 動詞＋not.〉と答えます。

  例 Is fresh cream **used**?（生クリームが使われていますか。）
  —— Yes, it is.（はい，使われています。）

- 受け身の否定文は，be 動詞のあとに not を置きます。

  例 Fresh cream **is not used**.（生クリームは使われていません。）
- 現在か過去かは be 動詞の変化で表します。

  例 This computer was made last year.（このコンピュータは昨年作られました。）

Check ______に適切な 1 語を入れて，日本語に合う英文にしなさい。

(1) 彼の歌は世界じゅうで歌われています。

His songs ______ ______ all over the world.

★ sing は不規則動詞なので，sing – sang – sung と活用する。

(2) これらの写真はオーストラリアでとられました。

These pictures ______ ______ in Australia.

★過去の文で主語が複数なので，be 動詞は were を使います。

(3) この手紙は昨日読まれましたか。

—— はい，読まれました。

______ this letter ______ yesterday?

—— Yes, ______ ______.

★ read は不規則動詞なので，read – read – read と活用する。過去形・過去分詞は[red]と発音する。

(4) ここでは英語は使われていません。

English ______ ______ ______ here.

★受け身の否定文なので，be 動詞のあとに not を置く。

2 動作の行為者を明らかにする受け身の文

Kinkakuji Temple was built by Ashikaga Yoshimitsu.

(金閣寺は足利義満によって建てられました。)

☑「…によって～され(てい)る[た]」と動作の行為者をはっきり示すときは,〈be動詞＋過去分詞〉のあとに〈by ～〉をつけます。

✓Check ___に適切な１語を入れて，日本語に合う英文にしなさい。

(1) スティービーはキング牧師の影響を大いに受けました。

Stevie _______ greatly _______ _______ Dr. King.

★過去の受け身の文なので，be 動詞を過去形に。

(2) 台所はあなたの父によって掃除されましたか。── いいえ，そうではありません。

_______ the kitchen _______ _______ your father? ── No, it wasn't.

(3) これらの手紙は健司によって書かれたのではありません。

These letters _______ _______ _______ Kenji.

3 by を使わない受け身

① **Shirakawago is known to people around the world.**

(白川郷は世界じゅうの人々に知られています。)

☑「～に知られている」は be known to ～ の形を使います。

② **All the houses are covered with snow.**

(すべての家々が雪でおおわれています。)

☑「～におおわれている」は be covered with ～ の形を使います。

✓Check ___に適切な１語を入れて，日本語に合う英文にしなさい。

(1) マンデラは南アフリカ共和国の黒人の人権運動の指導者として人々に知られていました。

Mandela _______ _______ _______ people as a black rights leader in South Africa.

(2) 富士山の頂上は雪でおおわれています。

The top of Mt. Fuji _______ _______ _______ snow.

PROGRAM 6

まとめテスト　第1回

Steps 3 / Our Project ⑤

教科書 pp.69～83

目標時間	得点
30分	／100

1 リスニング　クイズを聞き，内容に合う絵を選び，記号で答えなさい。　(4点×3＝12点)

ア
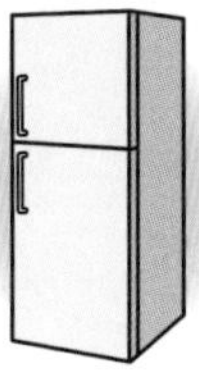
イ

ウ

エ

オ
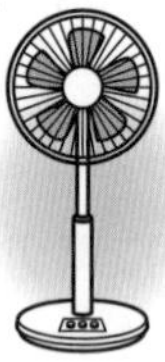
カ

(1) (　　　)　(2) (　　　)　(3) (　　　)

2 語句　英語は日本語に，日本語は英語にしなさい。　(2点×4＝8点)

(1) wood　(　　　　　)　(2) paint　(　　　　　)

(3) 台所，キッチン　ki _ ch _ n　(4) 大統領　pre _ i _ ent

3 適語補充　(　　)に適切な1語を入れて，日本語に合う英文にしなさい。(完答4点×3＝12点)

(1) この本は非常に多くの若者の間で人気があります。

This book is popular among (　　　　　) (　　　　　) young people.

(2) 今年，その休日を創設しました。

We (　　　　　) (　　　　　) that holiday this year.

(3) 失敗を恐れないでください。

Please don't be (　　　　　) (　　　　　) failure.

4 適語補充　次の英文を〔　〕内の指示にしたがって書きかえるとき，(　　)に適切な1語を入れなさい。　(完答5点×4＝20点)

(1) A lot of students like Ms. Shimizu.〔受け身の文に〕　➲ 1 2

Ms. Shimizu (　　　　　) (　　　　　) (　　　　　) a lot of students.

(2) This car is always washed by him.〔疑問文に〕　➲ 1 2

(　　　　　) this car always (　　　　　) by him?

(3) These soccer players are loved in Japan.〔過去の文に〕　➲ 1

These soccer players (　　　　　) (　　　　　) in Japan.

(4) The work was finished by my father.〔否定文に〕　➲ 1 2

The work (　　　　　) (　　　　　) by my father.

5 **整序** 日本語に合う英文になるように，(　　)内の語句を並べかえて全文を書きなさい。

(6点×3＝18点)

(1) 彼らの国では英語が使われています。 ➡ 1

(is / in / English / their country / used).

____

(2) あれらの花は昨年，多くの人に見られましたか。 ➡ 2

(seen / by / many people / those flowers / were) last year?

____

(3) この映画は子どもたちには知られていません。 ➡ 3

(not / to / known / this movie / is / children).

____

6 **英語で表現** あなたは友だちに，次のことを伝えたい。英語でどう言うか書きなさい。ただし(　　)内の語を使うこと。 (6点×2＝12点)

(1) いつも朝食は自分が作ること (cooked) ➡ 1 2

____

(2) 祖父への手紙を書いたこと (written) ➡ 1 2

____

7 **読解** 次の会話文を読んで，あとの問いに答えなさい。 〔計18点〕

Ken:	I know that song. It was used in a TV commercial.
Ms. Miller:	It's Stevie Wonder's song.
Ken:	Is he a famous musician?
Ms. Miller:	Yes. His songs are sung all over the world. He tackles difficult problems through his music.
Ken:	Why does he do <u>that</u>?
Ms. Miller:	He's interested in political issues. He gives important messages to us in his songs.

(1) 下線部が指す内容を，日本語で書きなさい。 (6点)

(　　　　　　　　　　　　　　　　　　　　)

(2) 本文の内容に合うものには○を，合わないものには×を書きなさい。 (6点×2＝12点)

(a) Ken listened to the song by Stevie Wonder on TV. (　　)

(b) Ken knew Stevie Wonder was famous. (　　)

PROGRAM 6

まとめテスト　第2回

Steps 3 / Our Project ⑤

教科書 pp.69 ～ 83

目標時間	得点
30分	／100

1 リスニング 対話を聞き，内容に合うものを〇で囲みなさい。 (3点×2＝6点)

(1) 沙織が今読んでいる小説は(芥川龍之介／太宰治)によって書かれた。

(2) 沙織がいちばん好きな小説は(芥川龍之介／太宰治)によって書かれた。

2 語句 英語は日本語に，日本語は英語にしなさい。 (2点×4＝8点)

(1) message　(　　　　　)　　(2) holiday　(　　　　　)

(3) 科学者　s _ _ entist　　(4) 文房具，事務用品　stat _ _ nery

3 適語補充 (　　)に適切な1語を入れて，日本語に合う英文にしなさい。(完答4×4＝16点)

(1) サッカーは世界じゅうで人気があります。

Soccer is popular (　　　　　) over the (　　　　　).

(2) 私たちは先週，北海道を訪れました。――そうなんですか。

We visited Hokkaido last week. ―― Oh, (　　　　　) you?

(3) 私の弟は，たとえばライオンなどの大型動物が好きです。

My brother likes large animals (　　　　　) (　　　　　) lions.

(4) 彼は勉強し続けて，50歳のときに医者になりました。

He (　　　　　) (　　　　　) and became a doctor when he was fifty.

4 対話文完成 (　　)に適切な1語を入れて，対話文を完成しなさい。 (完答5点×5＝25点)

(1) Is this bike used by your brother? ➡ 1 2

―― Yes, (　　　　　) (　　　　　).

(2) (　　　　　) this table (　　　　　) in 2015? ➡ 1

―― No, it wasn't. It was made in 2010.

(3) (　　　　　) your cats (　　　　　) by your family? ➡ 1 2

―― Yes, they are. We love them.

(4) Are Japanese and English (　　　　　) in this school? ➡ 1

―― Yes, (　　　　　) (　　　　　). I teach Japanese.

(5) What time is this library opened? ➡ 1

―― (　　　　　) opened at ten.

5 **整序** 日本語に合う英文になるように，(　　)内の語句を並べかえて全文を書きなさい。

(6点×3＝18点)

(1) このカメラは中国で作られたのではありません。 ➡1

(was / this camera / China / not / in / made).

____

(2) この国では50年前，何語が使われていましたか。 ➡1

(used / this country / language / years / was / what / in / fifty) ago?

____

(3) 私たちは多くの人々に助けられています。 ➡2

(helped / are / many people / we / by).

____

6 **英語で表現** あなたは友だちに，自分の持ち物についてたずねられている。次のように答える場合，英語でどう言うか。受け身の文を使って書きなさい。(6点×2＝12点)

(1) Tシャツ：母が作ったと答える場合 ➡2

____

(2) ギター：父親が買ってくれたと答える場合 ➡2

____

7 **読解** 次の英文を読んで，あとの問いに答えなさい。 〔計15点〕

In 1984, Stevie won an award for the song "I Just Called to Say I Love You." He dedicated the award to Nelson Mandela.

Mandela was known to people as a black rights leader in South Africa. He was locked in jail for 27 years. Later, he became the first black president of the country.

Stevie once said, "We can and must live life in true harmony." Today his songs are sung by millions of people around the world.

本文の内容に合うように，次の問いに英語で答えなさい。 (5点×3＝15点)

(a) What did Stevie do after he won an award for the song "I Just Called to Say I Love You"?

____

(b) How long was Mandela locked in jail?

____

(c) Who was the first black president in South Africa?

____

Reading ②

まとめテスト　第1回

Word Web ④

教科書 pp.84 ~ 88

目標時間	得点
30分	／100

1 リスニング　英語を聞き，内容に合う絵を選び，記号で答えなさい。(4点)

ア

イ

ウ

エ

(　　)

2 語句　英語は日本語に，日本語は英語にしなさい。(3点×4＝12点)

(1) airport　(　　　　)　(2) return　(　　　　)

(3) 任務，使命　mi _ si _ n　(4) 海岸　_ o _ st

3 適語補充　(　)に適切な1語を入れて，日本語に合う英文にしなさい。(完答5点×3＝15点)

(1) 若者が次々に競技場にやってきました。

Young people came to the stadium (　　　　) after (　　　　).

(2) 1944年，アメリカと日本は戦争中でした。

In 1944, the U.S. and Japan were (　　　　) (　　　　).

(3) 今年の夏は雨があまり降らないので，水が不足しています。

Water is (　　　) (　　　) because it doesn't rain much this summer.

4 整序　日本語に合う英文になるように，(　)内の語句を並べかえて全文を書きなさい。

(5点×3＝15点)

(1) 警察官たちは子どもたちを列車から連れ出しました。

The police officers (of / took / the train / children / out).

____

(2) 生徒たちはひとりも7時前に学校に来ませんでした。

(students / seven / came / no / to / before / school).

____

(3) 私たちはお年寄りを助けるために何人かの看護師を送り込みましょう。

(to / send / old people / will / we / some nurses / help).

____

5 **読解** 次の英文を読んで，あとの問いに答えなさい。 〔計54点〕

In March 1985, Iran and Iraq were (①) war. The president of Iraq said, "②From March 19, the air above Iran (   ) (   ) a no-fly zone. We will shoot down all planes." Many countries ③(send) planes to rescue their people in Iran. The planes landed one after another.

At the airport, a lot of Japanese people waited and waited, but no planes came for them. Time was running short. Suddenly two Turkish planes came to rescue them. They took all the 215 Japanese out of Iran. Japanese people couldn't believe ④it. Why Turkish planes?

Almost 130 years ago, a Turkish ship came to Japan (⑤) a goodwill mission. However, on the way back to Turkey, the ship met a strong typhoon. It ⑥(sink) off the coast of Wakayama, and 587 people died.

(1) ①，⑤の( )内に入る最も適切な語をア～エから選んで，記号を書きなさい。

ア at　　イ on　　ウ in　　エ by　　(5点×2＝10点)

① (   )　　⑤ (   )

(2) 下線部②が「3月19日から，イランの上空は飛行禁止地帯になる」という意味になるように，( )に適切な1語を入れなさい。 (完答5点)

(   ) (   )

(3) ③，⑥の( )内の語を適する形に変えなさい。 (5点×2＝10点)

③ (   )　　⑥ (   )

(4) 下線部④が指す内容を，日本語で書きなさい。 (5点)

(   )

(5) 本文の内容に合うものには○を，合わないものには×を書きなさい。 (6点×2＝12点)

(a) Many planes from Japan landed at the airport in Iran to rescue Japanese people. (   )

(b) A Turkey ship met a typhoon when it was going back to its country. (   )

(6) 本文の内容と合うように，次の問いに英語で答えなさい。 (6点×2＝12点)

(a) Where did Japanese people wait for planes?

____

(b) Did so many Turkey people die near the coast of Wakayama?

____

Reading ②

まとめテスト　第2回

Word Web ④

教科書 pp.84 ~ 88

目標時間	得点
30分	／100

1 リスニング　対話を聞き，内容に合うものを○で囲みなさい。(4点×2＝8点)

(1) メグは(英語の本 ／ ケーキ作り)に興味がある。

(2) メグは，聡の姉がアイスクリーム作りが得意だということを
(知っていた ／ 知らなかった)。

2 語句　英語は日本語に，日本語は英語にしなさい。(2点×4＝8点)

(1) village (　　　　　)　　(2) continue (　　　　　)

(3) 生存者　s _ rviv _ r　　(4) 大使　a _ bassad _ r

3 適語補充　(　　)に適切な1語を入れて，日本語に合う英文にしなさい。(完答5点×4＝20点)

(1) この台風による死者数を知っていますか。
Do you know the number of (　　　　　) (　　　　　) by this typhoon?

(2) おたがいに助け合うことは大事なことです。
Helping (　　　　　) (　　　　　) is important.

(3) 彼は来月，ロンドンに向かう予定です。
He is going to (　　　　　) (　　　　　) London next month.

(4) その２軒の家の間にはかべがあります。
There is a wall (　　　　　) the two houses.

4 整序　日本語に合う英文になるように，(　　)内の語句を並べかえて全文を書きなさい。
(5点×3＝15点)

(1) 私は家に帰る途中で，あなたのおかあさんを見かけました。
I (my / saw / home / way / your mother / on).

____

(2) 健太は一生懸命に練習することで，いい野球選手になりました。
Kenta (practicing / a good baseball player / became / by / hard).

____

(3) 私たちはそのとき，十分なお金を持っていませんでした。
(enough / have / we / money / didn't) then.

____

5 読解 次の英文を読んで，あとの問いに答えなさい。 〔計49点〕

People in a nearby fishing village rescued 69 survivors. They didn't understand Turkish. They didn't have enough food. But they gave their last chickens (①) the survivors. They also buried the dead respectfully.

After that, the survivors stayed in a hospital in Kobe for about a month. Then they ②(leave) for home on two Japanese ships.

"Turkish people still remember the story. Even children know it. So Turkish planes ③(fly) to rescue the Japanese in Iran," a former ambassador to Japan said.

④The friendship between the two countries still continues today. When a big earthquake hit Turkey in 1999, Japanese people went there to help. In 2011, a big earthquake and *tsunami* hit eastern Japan. This time, Turkish people came to help. ⑤We can make a (ア) world by (イ) each (ウ) outside our borders.

(1) ①の（　）に適切な1語を入れなさい。 (4点)

(　　　　)

(2) ②，③の（　）内の語を適する形に変えなさい。 (5点×2＝10点)

② (　　　　)　③ (　　　　)

(3) 下線部④の具体的な例を2つ，日本語で書きなさい。 (6点×2＝12点)

1．(　　　　)

2．(　　　　)

(4) 下線部⑤が「私たちは国境の外側でおたがいに助け合うことで，よりよい世界を作ることができます」という意味になるように，（　）に適する語を書きなさい。(完答5点)

ア (　　　　)　イ (　　　　)　ウ (　　　　)

(5) 本文の内容と合うように，次の問いに英語で答えなさい。 (6点×3＝18点)

(a) Were people in a nearby fishing village able to talk with Turkish people?

____

(b) Did people in a nearby fishing village had much food?

____

(c) How long did survivors stay in a hospital in Kobe?

____

定期テスト予想問題3　第1回

教科書 pp.59 ~ 88

PROGRAM 5 ~ Word Web ④

目標時間	得点
30分	／100

1 リスニング　次の各問いに答えなさい。

⑴　イラストを参考にしながら対話と応答を聞き，最も適切な応答をア～ウの中から一つ選んで書きなさい。（5点×3＝15点）

(a)（　　　　）　(b)（　　　　）　(c)（　　　　）

⑵　英文と質問を聞き，その答えとして最も適切なものをア～エの中から一つ選んで書きなさい。（5点）

ア　Making desks.　　イ　Speaking Japanese.

ウ　Reading Japanese.　　エ　Painting pictures of plants.

（　　　　）

2 適語補充　（　　）に適切な1語を入れて，日本語に合う英文にしなさい。（完答6点×3＝18点）

⑴　彼女は試合に勝って，うれしかったです。

She was (　　　　) (　　　　) win the game.

⑵　すぐれた選手になるために，練習を続けませんか。

Why don't we (　　　　) (　　　　) to be good players.

⑶　間違いをすることを恐れる必要はありません。

You don't have to be (　　　　) (　　　　) making mistakes.

3 適文選択　次の会話について，（　　）に入れるのに最も適切なものを下のア～エの中から一つ選んで書きなさい。（6点×2＝12点）

⑴　*Girl* : It's so hot today. (　　　　)　➲P5-2 2

Boy : I'd like soda. I'm hungry. I also want a hamburger.

ア　Would you like something cold to drink?　イ　What did you drink?

ウ　How many hamburgers?　エ　What food do you like?

⑵　*Girl* : I want to play the piano well. (　　　　)　➲P5-1 1

Boy : I think to practice every day is important.

ア　Can you play it better than your mother?　イ　But I don't know what to do.

ウ　I think this piano looks old.　エ　I'll give you this piano.

4 **英語で表現** ポールになったつもりで梨絵の質問に２文以上の英語で書きなさい。➡P6 1

（8点）

---

5 **読解** 次の会話文を読んで，あとの問いに答えなさい。〔計42点〕

Ms. Miller:	Do you know the song "Happy Birthday"?
Ken:	No. Was it written by Stevie Wonder?
Ms. Miller:	Yes, it was. It was ①(use) to set up a national holiday for Dr. Martin Luther King, Jr.
Ken:	I know his name. He ②(fight) for civil rights.
Ms. Miller:	That's right. Stevie was greatly influenced by Dr. King.
Ken:	I see. Is the holiday celebrated by all people in the U.S.?
Ms. Miller:	Of course. Dr. King showed us a way of mutual respect.

(1) ①，②の(　　)内の語を適切な形に変えなさい。（6点×2＝12点）

① (　　　　　　)　　② (　　　　　　)

(2) 本文の内容に合うように，(　　)に適切な１語を入れなさい。（7点×2＝14点）

(a) Stevie Wonder (　　　　　) the song "Happy Birthday."

(b) Dr. King showed a way of mutual (　　　　　) to us.

(3) 本文の内容に合うように，次の問いに英語で答えなさい。（8点×2＝16点）

(a) Who greatly influenced Stevie Wonder?

(b) Is the national holiday for Dr. King celebrated by all the people in the U.S.?

定期テスト予想問題3　第2回

教科書 pp.59～88

PROGRAM 5 ～ Word Web ④

目標時間	得点
30分	／100

1 リスニング　次の各問いに答えなさい。

(1)　イラストを参考にしながら対話と応答を聞き，最も適切な応答をア～ウの中から一つ選んで書きなさい。　(4点×3＝12点)

(a) (　　　　)　(b) (　　　　)　(c) (　　　　)

(2)　英文と質問を聞き，その答えとして最も適切なものをア～エの中から一つ選んで書きなさい。　(4点)

ア　Talk to someone.　イ　Buy black shoes.

ウ　Find another store.　エ　Look for the same shoes.

(　　　　)

2 適語補充　(　　)に適切な1語を入れて，日本語に合う英文にしなさい。(完答6点×3＝18点)

(1)　海に行く準備はできていますか。

Are you (　　　　) (　　　　) go to the sea?

(2)　私の兄は泳ぐのが得意です。

My brother is (　　　　) (　　　　) swimming.

(3)　村上春樹は世界じゅうの人々に知られています。

Murakami Haruki is known to people all (　　　　) the (　　　　).

3 適文選択　次の会話について，(　　)に入れるのに最も適切なものを下のア～エの中から一つ選んで書きなさい。　(6点×2＝12点)

(1)　*Girl* : This cake is so delicious.　➡P6 2

Boy : (　　　　) She always makes it for my birthday.

ア　It is loved by my family.　イ　Please tell me what to use for it.

ウ　It was made by my mother.　エ　I know how to make it.

(2)　*Girl* : When are you going to leave Japan?　➡P5-2 1

Boy : Next Friday. (　　　　) Please write me soon.

ア　Thank you for writing a letter.　イ　I'll send you letters.

ウ　My hobby is writing letters.　エ　This letter was written by you.

4 **英語で表現** 翔太になったつもりでメグの質問に2文以上の英語で書きなさい。➲P5-2 1

（8点）

____

5 **読解** 次のエジソンについての英文を読んで，あとの問いに答えなさい。 〔計46点〕

A Great Inventor : He is known as a great American inventor. He got over 1,000 patents in the U.S. He invented many things such as practical light bulbs. (Mika)
A Hard Worker : He loved his work. ①He slept (　　) three or four hours (　　) day. Even after he became 80, he kept working hard. (Daisuke)
Positive : He failed many times, but he didn't think failure was bad. ②He thought he was lucky (　　) (　　) many things from failure. (Momoko)
What Can We Learn from Edison? : ③He (　　) stopped (　　) himself. If we don't try anything, we won't get anything. ④(afraid / mustn't / be / we / failure / of). (Takeshi)

(1) 下線部①～③がそれぞれ次の意味になるように，(　　)に適切な1語を入れなさい。

〔完答6点×3＝18点〕

① 「彼は1日に2時間か3時間しか眠りませんでした」 (　　　　), (　　　　)

② 「彼は失敗から多くのことを学んで幸運だと思いました」 (　　　　) (　　　　)

③ 「彼は自分への挑戦を決してやめませんでした」 (　　　　), (　　　　)

(2) 下線部④が「私たちは失敗を恐れてはいけません」という意味になるように，(　　)内の語を並べかえて全文を書きなさい。 （7点）

____

(3) 本文の内容に合うものには○を，合わないものには×を書きなさい。 （7点×3＝21点）

(a) We'll get something if we try anything. (　　)

(b) Edison invented practical light bulbs. (　　)

(c) Edison stopped working hard when he became 80. (　　)

PROGRAM 7-1

A Gateway to Japan

教科書 pp.89 ~ 98

Steps 4 / Power-Up 4

1 現在完了① 完了用法：肯定文

☑ 〈have[has]＋過去分詞〉の形で，過去の出来事が，何らかの形で現在とつながっていることを表します。これを「現在完了」の文と言います。そのつながり方によって,「完了」「経験」「継続」に分けることができます。

I've *already* read that new mystery novel.

(私はその新しい推理小説をもう読みました。)

☑ 現在完了の「完了」は「(ちょうど)～したところだ」「(すでに)～してしまった」と，現在の時点で，ものごとが完了した状態であることを表します。

☑ 完了用法でよく使われる語句：just(ちょうど)，already(すでに)，yet(まだ，もう)

例 I have just started reading the novel.
(私はちょうどその小説を読み始めたところです。)

☑ 現在完了の文では，次のようなはっきりと過去の一時点を表す語句を使うことはできません。
yesterday(昨日)，～ ago(～前に)，last ～(この前の～)，just now(ちょうど今)
when ～(いつ～)

Check ＿＿に適切な1語を入れて，日本語に合う英文にしなさい。

(1) 私はちょうどイタリアのおじからメールをもらったところです。

＿＿＿＿ ＿＿＿＿ ＿＿＿＿ an email from my uncle in Italy.

★「～したところだ」は〈have＋過去分詞〉の形で表す。I have の短縮形は I've。

(2) 私たちはすでにたくさんのことを学んでいます。

We've ＿＿＿＿ ＿＿＿＿ a lot of things.

★「すでに」は already で表す。

(3) 彼はちょうど宿題を終えたところです。

He ＿＿＿＿ ＿＿＿＿ ＿＿＿＿ his homework.

★主語が三人称・単数なので，has を使う。

(4) 健は彼の両親への手紙をすでに書いてしまいました。

Ken ＿＿＿＿ ＿＿＿＿ ＿＿＿＿ a letter to his parents.

2 現在完了① 完了用法：疑問文と答えの文

Have you taken a bath *yet*?（あなたはもうお風呂に入りましたか。）

―― No, I haven't.（いいえ，まだです。）

☑ 現在完了の疑問文は，〈Have[Has]＋主語＋過去分詞 ～?〉の形を使い，それに対しては，〈Yes, 主語＋have[has].〉あるいは〈No, 主語＋have[has] not.〉と答えます。

☑ 疑問文で yet を使うと，「もう」という意味になります。

✓Check ＿＿に適切な１語を入れて，日本語に合う英文にしなさい。

📖(1) あなたはもう宿題をしましたか。

_______ you _______ your homework _______?

★完了の疑問文は〈Have[Has]＋主語＋過去分詞 ～?〉で表します。「もう」は yet を使います。

(2) 彼らは昼食を食べましたか。―― はい，食べました。

_______ they _______ lunch? ―― Yes, they _______.

(3) あなたのおとうさんはもう駅に着きましたか。―― いいえ，まだ着いていません。

_______ your father reached the station _______? ―― No, he _______ not.

3 現在完了① 完了用法：否定文

I haven't packed my bags *yet*!

（まだ荷物をまとめていません。）

☑ 現在完了の否定文：〈主語＋have[has] not＋過去分詞 ～.〉の形を使います。

☑ 否定文で yet を使うと，「まだ」という意味になります。

✓Check ＿＿に適切な１語を入れて，日本語に合う英文にしなさい。

(1) 彼女はまだ自分の部屋を掃除していません。

She _______ not _______ her room yet.

📖(2) 私はまだ宿題を終えていません。

I _______ _______ my homework _______.

★完了の否定文で「まだ」は yet を使います。have not の短縮形は haven't。

(3) 美希はまだ彼に電話していません。

Miki _______ _______ called him yet.

PROGRAM **7-1**

まとめテスト　第１回

Steps 4 / Power-Up 4

教科書 pp. 89 ～ 98

目標時間	得点
30分	／100

1 **リスニング**　３つの対話を聞き，内容に合う絵を選び，記号で答えなさい。（4点×3＝12点）

ア

イ

ウ

エ

(1)　(　　　)　　(2)　(　　　)　　(3)　(　　　)

2 **語句**　英語は日本語に，日本語は英語にしなさい。（2点×4＝8点）

(1)　word　(　　　　　)　　(2)　situation　(　　　　　)

(3)　外国の　for _ i _ n　　(4)　ヨーロッパ　E _ rop _

3 **適語補充**　(　　)に適切な１語を入れて，日本語に合う英文にしなさい。（完答4点×3＝12点）

(1)　先生によると，新しい生徒がこの学校に来ます。

(　　　　)(　　　　) my teacher, a new student will come to this school.

(2)　私たちの学校は，病院と図書館の間にあります。

Our school is (　　　　　) the hospital (　　　　　) the library.

(3)　私の母は，カードを作るために紙を２枚使います。

My mother uses two (　　　　　)(　　　　　) paper to make a card.

4 **適語選択**　(　　)内から適切な語句を選び，○で囲みなさい。（4点×7＝28点）

(1)　Mari and her sister (have,　has) just called Mr. Green.　➡1

(2)　Have you (take,　took,　taken) any pictures here yet?　➡2

(3)　My sister (have not,　has not) eaten breakfast yet.　➡3

(4)　Have they finished running in the park?

── Yes, they (have,　has,　did).　➡2

(5)　Sayuri has (already,　yet) bought a new computer.　➡1

(6)　Have you returned from the station yet?

── No, I (haven't,　wasn't,　didn't).　➡2

(7)　My brother has not (make,　made) dinner yet.　➡3

5 **整序** 日本語に合う英文になるように，(　　)内の語句を並べかえて全文を書きなさい。

(5点×3＝15点)

(1) 彼はちょうど物語を書いたところです。 →1

(written / he / just / a story / has).

____

(2) あなたはもうその本を読みましたか。(you / have / the book / yet / read)? →2

____

(3) 東京では，雨はまだ降り始めていません。

(not / in / yet / started / has / it / raining) Tokyo. →3

____

6 **英語で表現** あなたは友だちに，今日の行動について話そうとしている。次のような場合，英語でどう言うか書きなさい。ただし(　　)内の語を使うこと。(5点×2＝10点)

(1) もうサッカーを練習したということ (already) →1

____

(2) ちょうど英語のテストに向けて勉強したところだということ (have, test) →1

____

7 **読解** 次の会話文を読んで，あとの問いに答えなさい。 〔計15点〕

Mao: Hi, Daniel. ①<u>You look happy.</u> Did something good happen?
Daniel: I've just gotten an email from my uncle in Italy.
Mao: Your uncle in Italy? What does he do there?
Daniel: Ah, he's a sportswriter. He loves Japanese pop culture like *manga* and *anime*.
Mao: Great! Are Japanese *manga* and *anime* popular in the U.S. too?
Daniel: Yes. The words *manga* and *anime* are used in English.
Mao: Like *sushi* and *kimono*? Mmm, ②<u>interesting</u>.

(1) ダニエルが下線部①のように見えた理由を，日本語で書きなさい。 (5点)

(　　　　　　　　　　　　　　　　　　　　)

(2) 真央は何に対して下線部②のように感じたのか。日本語で書きなさい。 (5点)

(　　　　　　　　　　　　　　　　　　　　)

(3) 本文の内容に合うように，次に問いに英語で答えなさい。 (5点)

Does Daniel's uncle work as a sportswriter in Italy?

____

PROGRAM 7-1

まとめテスト　第2回

Steps 4 / Power-Up 4

教科書 pp. 89～98

目標時間	得点
30分	／100

1 **リスニング** 太郎とベスの電話での対話を聞き，内容に合うものに○，合わないものに×を書きなさい。 (4点×3＝12点)

(1) 太郎は昼食を終えているが，ベスはまだ終えていない。 (　　)

(2) ベスはまだ部屋の掃除を終えていない。 (　　)

(3) 太郎は母親の手伝いをしてから駅に行くつもりだ。 (　　)

2 **語句** 英語は日本語に，日本語は英語にしなさい。 (2点×4＝8点)

(1) part (　　　　)　　(2) novel (　　　　)

(3) 取り消す _ an _ el　　(4) プロの prof _ s _ ional

3 **適語補充** (　　)に適切な1語を入れて，日本語に合う英文にしなさい。 (完答4点×2＝8点)

(1) 昨日，あなたのおねえさんのことを聞きました。彼女はお元気ですか。

I (　　　　) (　　　　) your sister yesterday. How is she?

(2) 日ごとに暖かくなります。

It is getting warmer (　　　　) (　　　　) day.

4 **適語補充** 次の英文を〔　〕内の指示にしたがって書きかえるとき，(　　)に適切な1語を入れなさい。 (完答4点×5＝20点)

(1) I got up.〔「ちょうど起きたところです」という意味の文に〕 ➡1

I (　　　　) just (　　　　) up.

(2) I have washed dishes in the kitchen.〔主語を my sister に変えて〕 ➡1

My sister (　　　　) (　　　　) dishes in the kitchen.

(3) Cathy has returned from school.〔疑問文と Yes で答える文に〕 ➡2

(　　　　) Cathy (　　　　) from school?

── Yes, (　　　　) (　　　　).

(4) They have finished practicing soccer.〔疑問文と No で答える文に〕 ➡2

(　　　　) they (　　　　) practicing soccer (　　　　)?

── No, (　　　　) (　　　　).

(5) Mr. Sasaki has eaten lunch.〔否定文に〕 ➡3

Mr. Sasaki (　　　　) (　　　　) eaten lunch (　　　　).

5 整序 日本語に合う英文になるように，(　　)内の語句を並べかえて全文を書きなさい。

(6点×4＝24点)

(1) 彼は新しいラケットをすでに使いました。 ➡1

(already / he / his new racket / used / has).

____

(2) 私はちょうど姉からのメールを受け取ったところです。 ➡1

(just / my sister / an email / gotten / I've / from).

____

(3) あなたはもうおばあさんの家に着きましたか。 ➡2

(you / have / your grandmother's house / yet / reached)?

____

(4) 私たちはまだテレビでサッカーの試合を見ていません。

We (a soccer game / watched / TV / haven't / on) yet. ➡3

____

6 英語で表現 あなたは友だちに，次のようなことをたずねたい。英語でどう言うか書きなさい。ただし(　　)内の語を使うこと。 (6点×2＝12点)

(1) もう母親の手伝いをしたのか (have) ➡2

____

(2) ふろ場をもう掃除したのか (have) ➡2

____

7 読解 次の会話文を読んで，あとの問いに答えなさい。 〔計16点〕

Mao:	I'm going to do my homework for the speech after I get home. Have you (do) it yet?
Daniel:	I started it yesterday, but I haven't finished it yet.
Mao:	What are you writing about?
Daniel:	About *Captain Tsubasa*. My uncle recommended it.

(1) (　　)内の語を適する形に変えなさい。 (　　　　　　) (4点)

(2) 本文の内容に合うものには○を，合わないものには×を書きなさい。 (6点×2＝12点)

(a) Daniel has already finished his homework. (　　)

(b) Daniel is writing about *Captain Tsubasa* for speech. (　　)

PROGRAM 7-2

A Gateway to Japan

教科書 pp.89 ~ 98

Steps 4 / Power-Up 4

1 現在完了② 経験用法：肯定文

① **I've climbed Mt. Fuji twice.**

（富士山に２回登ったことがあります。）

☑ 経験は「(今までに)～したことがある[ない]」と，現在までに経験したことの回数や頻度などを表します。

② **My mother has been to Australia.**

（私の母はオーストラリアに行ったことがあります。）

☑ 「～に行ったことがある」は〈have[has] been to ～〉で表します。

☑ 経験用法でよく使われる語句：before(以前に)，ever(これまでに)，never(一度も～ない)
once(一度，かつて)，twice(２回)，～ times (～回)

Check _____に適切な１語を入れて，日本語に合う英文にしなさい。

(1) 私は以前に美術の歴史に関する本を読んだことがあります。

_______ read a book about an art history _______.

★空所の数から，I have の短縮形 I've が入る。「以前に」は before で表す。

(2) 真帆はピアノを一度ひいたことがあります。

Maho _______ _______ the piano _______.

★「一度」は once で表す。主語が三人称・単数なので，has を使う。

(3) ジムは何度も京都に行ったことがあります。

Jim _______ _______ to Kyoto many _______.

★「～に行ったことがある」は〈have[has] been to ～〉で表す。

2 現在完了② 経験用法：疑問文と答えの文

Have you *ever* climbed Mt. Fuji? —— Yes.

（あなたは富士山に登ったことがありますか。）　　（はい。）

☑ 「今までに～したことがありますか」は，〈Have[Has]＋主語＋(ever＋)過去分詞 ～?〉の形を使います。

☑ 「今までに何回～したことがありますか」は〈How many times have[has]＋主語＋ever＋過去分詞 ?〉の形を使います。

例 How many times have you ever watched basketball games?
（あなたは今までに何回バスケットボールの試合を見たことがありますか。）

Check ＿＿に適切な１語を入れて，日本語に合う英文にしなさい。

(1) あなたたちは今までに沖縄を訪れたことがありますか。

── はい，あります。

_______ you _______ _______ Okinawa?

── Yes, _______ _______.

(2) あなたは今までにモネや，ヴァン・ゴッホのことを聞いたことがありますか。

── いいえ，ありません。

_______ you _______ _______ of Monet and van Gogh?

★「～のことを聞く」は hear of ～。hear の過去分詞は heard。

── No, _______ _______.

(3) あなたの両親は今までにここに来たことがありますか。

── いいえ，ありません。

_______ your parents _______ _______ here?

── No, they _______ _______.

3 現在完了② 経験用法：否定文

I've *never* seen Mt. Fuji.

(私は富士山を見たことがありません。)

- 「今までに(一度も)～したことがない」は〈have never＋過去分詞〉で表します。
- 現在完了の経験を表す文では，ふつう not のかわりに never を使います。

Check ＿＿に適切な１語を入れて，日本語に合う英文にしなさい。

(1) ジョーンズ先生は一度も日本語を学んだことがありません。

Mr. Jones _______ never _______ Japanese.

★主語が三人称・単数なので，has を使う。

(2) ジョンのおかあさんは一度も納豆を食べたことがありません。

John's mother has _______ _______ *natto*.

(3) 私の弟はあの図書館に行ったことがありません。

My brother has _______ _______ to that library.

★「～に行ったことがある」は have been to ～。

(4) 私は一度も有名人に会ったことがありません。

I've _______ _______ a famous person.

PROGRAM 7-2

まとめテスト　第1回

Steps 4 / Power-Up 4

教科書 pp. 89～98

目標時間	得点
30分	／100

1 リスニング　3つの対話を聞いて話題になっている場所を選び，その回数を書きなさい。

(4点×3＝12点)

ア

イ

ウ

エ

(1)（　　／　　回）　(2)（　　／　　回）　(3)（　　／　　回）

2 語句　英語は日本語に，日本語は英語にしなさい。　(3点×4＝12点)

(1) gate　（　　　　）　(2) repeatedly　（　　　　）

(3) プラスチック[ビニール]の　p _ asti _　(4) 注意　at _ ent _ on

3 適語補充　（　　）に適切な1語を入れて，日本語に合う英文にしなさい。(完答5点×2＝10点)

(1) 当時，この町にはスーパーマーケットは1店もありませんでした。

In（　　　）（　　　）, we didn't have any supermarkets in this town.

(2) 私が帰宅したとき，母は眠っていました。

My mother was sleeping when I（　　　）（　　　）.

4 適語補充　次の英文を〔　〕内の指示にしたがって書きかえるとき，（　　）に適切な1語を入れなさい。　(完答5点×3＝15点)

(1) Ms. Tanabe visited London.〔「2回訪れたことがある」という文に〕　➔1

Ms. Tanabe（　　　）（　　　）London（　　　）.

(2) She has played tennis with Kohei.

〔「今までに～したことがあるか」という疑問文と，No で答える文に〕　➔2

（　　　）she（　　　）（　　　）tennis with Kohei?

── No, she（　　　）（　　　）.

(3) I have seen a panda in the zoo.

〔「一度も～したことがない」という否定文に〕　➔3

I have（　　　）（　　　）a panda in the zoo.

5 **整序** 日本語に合う英文になるように，(　　)内の語句を並べかえて全文を書きなさい。

(6点×4＝24点)

(1) 私は以前にあのデパートに入ったことがあります。 ➲1

I (that department store / have / before / entered).

____

(2) あなたは今までに横浜に行ったことがありますか。 ➲2

(to / been / have / ever / Yokohama / you)?

____

(3) ジムは一度も雪を見たことがありません。 ➲3

(seen / Jim / never / snow / has).

____

(4) 彼らは原田先生と何度も話したことがあります。 ➲1

(talked / they / have / with / times / Ms. Harada / many).

____

6 **英語で表現** あなたは友だちに，経験したことを伝えたい。次のような場合，英語でどう言うか書きなさい。 (7点×2＝14点)

(1) ひとりでおばあさんの家に行ったこと ➲1

____

(2) 赤いかばんを作ったこと ➲1

____

7 **読解** 次の会話文を読んで，あとの問いに答えなさい。 〔計13点〕

Mao: Do people in foreign countries know about *Captain Tsubasa*?

Daniel: According to my uncle, a lot of professional soccer players watched it when they were children. Some of them started playing soccer because of it.

Mao: Wow! *Captain Tsubasa* gave them "wings."

(1) 下線部を，them と it が指す内容を具体的に示して，日本語にしなさい。 (6点)

(　　　　　　　　　　　　　　　　　　　　　　　　)

(2) 本文の内容に合うように，次の問いに英語で答えなさい。 (7点)

Was *Captain Tsubasa* watched by many professional soccer players?

____

PROGRAM 7-2

まとめテスト　第2回

Steps 4 / Power-Up 4

教科書 pp. 89 ～ 98

目標時間	得点
30分	／100

1 リスニング　大地とメアリーの対話を聞き，正しいものに○，そうでないものに×を書きなさい。　（5点×3＝15点）

(1) 大地もメアリーも沖縄に行ったことがある。　(　　　)

(2) 大地は沖縄でとった写真をメアリーに見せている。　(　　　)

(3) 大地の祖父が沖縄に住んでいて，大地は1回だけ行ったことがある。(　　　)

2 語句　英語は日本語に，日本語は英語にしなさい。　（2点×4＝8点）

(1) sugar　(　　　　　)　(2) wing　(　　　　　)

(3) 乗客，旅客　pas _ en _ er　(4) ふつうでない，めずらしい　un _ su _ l

3 適語補充　(　　)に適切な1語を入れて，日本語に合う英文にしなさい。　（完答4点×2＝8点）

(1) 悪天候のため，私たちは山に登るのはやめました。

We stopped climbing the mountain (　　　　　) to bad weather.

(2) あなたは仕事を終えましたか。—— まだです。

Have you finished your work? —— (　　　　　) (　　　　　).

4 対話文完成　(　　)に適切な1語を入れて，対話文を完成しなさい。　（完答5点×5＝25点）

(1) (　　　　　) you visited the library to study before?　➡2

—— Yes, I have.

(2) (　　　　　) Kenji (　　　　　) read this book?　➡2

—— Yes, he has. He said it was so interesting.

(3) Has your brother (　　　　　) been to Canada?　➡2

—— No, he (　　　　　) (　　　　　).

(4) Have you ever (　　　　　) math at a junior high school?　➡2

—— Yes, I (　　　　　). I was a math teacher ten years ago.

(5) Have you (　　　　　) seen this movie?　➡2

—— No, I (　　　　　).

5 整序 日本語に合う英文になるように，(　　)内の語句を並べかえて全文を書きなさい。

(6点×2＝12点)

(1) 私の兄は一度，奈良に行ったことがあります。 ➡1

(Nara / has / to / my brother / been) once.

____

(2) 私は一度もあなたのおとうさんに会ったことがありません。 ➡3

(never / I / your father / seen / have).

____

6 英語で表現 あなたは友だちに，次のようなことをたずねたい。どう言うか英語で書きなさい。ただし，(　　)内の語を使うこと。 (6点×2＝12点)

(1) スタジアムで野球の試合を観戦したことがあるか (stadium) ➡2

____

(2) 中国に旅行に行ったことがあるか (traveled) ➡2

____

7 読解 健が発表している英文を読んで，あとの問いに答えなさい。 〔計20点〕

> *Manga* and *anime* are parts of Japanese pop culture. Today they attract and influence many people around the world.
>
> I've read a book about art history before. There was a similar situation about 150 years ago. In those days, *ukiyo-e* was pop culture like *manga*. It became very popular in Europe. Have you ever heard of Monet and van Gogh? They were greatly influenced by *ukiyo-e*.
>
> Japanese pop culture is getting more popular day by day. It is gateway between Japan and other countries.

(1) 本文の内容に合うものには○を，合わないものには×を書きなさい。 (5点×2＝10点)

(a) A lot of people in the world are attracted and influenced by *manga* and *anime*. (　　)

(b) *Ukiyo-e* and *manga* were pop culture about 150 years ago. (　　)

(2) 本文の内容に合うように，次の問いに英語で答えなさい。 (5点×2＝10点)

(a) Has Ken ever read a book about art history?

____

(b) What influenced Monet and van Gogh?

____

PROGRAM 8

A Hope for Lasting Peace

教科書 pp.99～119

Steps 5 / Power-Up 5 / Our Project ⑥ / Word Web ⑤

1 現在完了③　継続用法：肯定文・疑問文・否定文

I've practiced *judo since* I was ten.

（私は 10 歳から柔道を練習しています。）

☑ 継続用法は，「(ずっと)～している」「(ずっと)～である」というように，過去のあるときに始まった状態が，現在までずっと続いていることを表します。

継続用法の疑問文：

〈Have[Has]＋主語＋過去分詞 ～?〉

── 〈Yes, 主語＋have[has].〉 あるいは

〈No, 主語＋have[has] not.〉

I lived here for two years. → 今はここには住んでいないかもしれない。
I have lived here for two years. → 今もここに住んでいる。

継続用法の否定文：〈主語＋have[has] not＋過去分詞 ～.〉

☑ 継続用法でよく使われる語句：since ～(～以来)，for ～(～の間)

Check ____に適切な 1 語を入れて，日本語に合う英文にしなさい。

(1) 私たちは 3 日間ずっとここにいます。

We ______ ______ here ______ three days.　★「～の間」は for ～。

(2) 彼女は若いときからずっとテニスが好きですか。── はい，好きです。

______ she ______ tennis ______ she was young? ── Yes, ______ ______.

★「～から」は since ～で表す。

(3) 私のイヌは昨日の朝からずっと何も食べていません。

My dog ______ had anything ______ yesterday morning.

2 現在完了③　継続用法：How long ～?

How long have you been a black belt?

（黒帯をつけてどのくらいになりますか。）

☑ 期間をたずねるときは，〈How long have[has]＋主語＋過去分詞 ～?〉「どのくらいの間，～していますか」の形を使う。

それに対しては，since ～，for ～などを使って，具体的に期間を答える。

✓Check ＿＿に適切な１語を入れて，日本語に合う英文にしなさい。

(1) あなたたちはどのくらいの間，バレーボールを練習していますか。── 5年間です。

_______ long _______ you practiced volleyball? ── _______ five years.

📖(2) 太郎と清はどのくらいの間，ずっと仲のいい友だちですか。

_______ _______ _______ Taro and Kiyoshi _______ good friends?

★「仲のいい友だちである」は，be good friends で表す。

(3) グリーン先生はどのくらいの間，日本に住んでいますか。── 2005年からです。

_______ _______ _______ Mr. Green _______ in Japan? ── _______ 2005.

(4) あなたはどのくらいの間，新しい辞書がほしいと思っていますか。── 3か月間です。

_____ _____ _____ you _____ a new dictionary? ── _____ three months.

3 現在完了進行形

We've been waiting for half an hour.

（私たちは 30 分待っています。）

☑ 過去のあるときに始まった状態が現在まで続いていることを表すには現在完了を，動作が現在まで続いていることを表すには現在完了進行形〈have[has] been＋動詞の -ing 形〉を使うことが多いです。

☑ 次のような「状態」を表す動詞を現在完了進行形にすることはできません。
have（持っている，～がある[いる]），hear（～が聞こえる），
know（知っている），like（(～が)好きである），want（ほしい）など。
※ have は，「食べる」の意味では，動作を表す動詞になります。

✓Check ＿＿に適切な１語を入れて，日本語に合う英文にしなさい。

(1) 私は5時間ずっとギターをひいています。

I _______ been _______ the guitar _______ five hours.

(2) 彼は今朝からずっと泳いでいますか。

_______ he _______ swimming _______ this morning?

(3) 彼らはどのくらいの間，図書館で本を読んでいますか。

_______ long _______ they _______ reading books in the library?

★「どのくらいの間」は how long で表す。

📖(4) 人々は長い間，この問題について考えています。

People _______ been _______ about this problem for a long time.

PROGRAM 8 まとめテスト　第1回

Steps 5 / Power-Up 5 / Our Project ⑥ / Word Web ⑤

教科書 pp.99 ~ 119

目標時間	得点
30分	／100

1 リスニング　英語を聞き，イラストの内容に合う期間を選び，記号を書きなさい。

(4点×3＝12点)

(1)

(　　　)

(2)

(　　　)

(3)

(　　　)

ア　8年間　　イ　4年間　　ウ　半年間

2 語句　英語は日本語に，日本語は英語にしなさい。　(3点×4＝12点)

(1) hair　(　　　　　)　(2) atomic　(　　　　　)

(3) 再生された，再生(の)　rec _ c _ ed　(4) 記念碑　mo _ _ ment

3 適語補充　(　　)に適切な1語を入れて，日本語に合う英文にしなさい。(完答4点×4＝16点)

(1) 私たちはたいてい，イヌと公園を 30 分間歩きます。

We usually walk with our dog in the park for (　　　　) an (　　　　).

(2) あなたは何をさがしているのですか。

What are you (　　　　) (　　　　)?

(3) 祖父は毎朝少し歩くことで，体調がよりよくなるでしょう。

My grandfather will (　　　) (　　　) by walking a little every morning.

(4) 私は長い間，麻美に会っていません。

I haven't met Asami (　　　　) a long (　　　　).

4 適語補充　次の英文を〔　〕内の指示にしたがって書きかえるとき，(　　)に適切な1語を入れなさい。　(完答4点×3＝12点)

(1) Kate stayed with her grandfather.〔文末に「昨年から」を加えて現在完了の文に〕 ➲1

Kate (　　　　) (　　　　) with her grandfather (　　　　) last year.

(2) It has been sunny <u>for a week</u> in Tokyo.〔下線部をたずねる疑問文に〕 ➲2

(　　　　) (　　　　) has it (　　　　) sunny in Tokyo?

(3) I cleaned my room.〔文末に「2時間」を加えて現在完了進行形の文に〕 ➲3

I (　　　　) been (　　　　) my room (　　　　) two hours.

5 整序 日本語に合う英文になるように，(　　)内の語句を並べかえて全文を書きなさい。

(5点×2＝10点)

(1) 私は 10 歳のころからずっと宇宙飛行士になりたいと思っています。 ➡1

I (to / was / an astronaut / have / ten / be / wanted / since / I).

(2) あなたはどのくらいの間，真紀を知っていますか。 ➡2

(known / long / have / Maki / how / you)?

6 英語で表現 あなたは友だちに，継続して行っていることをたずねられている。次のように答える場合，英語でどう言うか書きなさい。

(7点×2＝14点)

(1) 7 年間，ピアノの練習をしていると答える場合 ➡1

(2) この前の夏から韓国語の勉強をしていると答える場合 ➡1

7 読解 次の会話文を読んで，あとの問いに答えなさい。

〔計24点〕

Daniel: This is our last day in Hiroshima.
Mao: Yes. We've been here for three days. We've already learned a lot of things.
Daniel: Absolutely. I was moved by the Hiroshima Peace Memorial Park.
Mao: So was I. I bought a souvenir. Take a look.
Daniel: It looks like soap. Oh, it's paper clay.
Mao: Recycled paper cranes are used in this clay.
Daniel: Recycled paper cranes? I've never heard of that.
Mao: Me neither. But I thought it was interesting.

(1) 本文の内容に合うものには○を，合わないものには×を書きなさい。 (6点×2＝12点)

(a) Mao wasn't moved by the Hiroshima Peace Memorial Park. (　　)

(b) Daniel and Mao have never heard of recycled paper cranes. (　　)

(2) 本文の内容に合うように，次の問いに英語で答えなさい。 (6点×2＝12点)

(a) How long have Daniel and Mao been in Hiroshima?

(b) What did Mao buy for a souvenir?

PROGRAM 8

まとめテスト　第2回

Steps 5 / Power-Up 5 / Our Project ⑥ / Word Web ⑤

教科書 pp.99 ~ 119

目標時間	得点
30分	／100

1 リスニング　英語を聞き，内容に合う動物を選び，記号で答えなさい。　(4点×3＝12点)

(1) (　　　)　(2) (　　　)　(3) (　　　)

2 語句　英語は日本語に，日本語は英語にしなさい。　(3点×4＝12点)

(1) fact　(　　　　　)　(2) nervous　(　　　　　)

(3) 環境　env _ ro _ ment　(4) 受けとる　rec _ _ ve

3 適語補充　(　　)に適切な1語を入れて，日本語に合う英文にしなさい。(完答4点×4＝16点)

(1) 私はちょうどケーキを作ったところです。見てください。

I've just made a cake. (　　　　　) a (　　　　　).

(2) 山口さんは10年前に亡くなりました。

Mr. Yamaguchi (　　　　　) (　　　　　) ten years ago.

(3) 毎年，おおぜいの人が札幌を訪れます。

A lot of people visit Sapporo (　　　　　) (　　　　　).

(4) 私はトムがいちばんいい選手だと思っていました。実際にはトムよりマイクのほうがじょうずでした。

I thought Tom was the best player. (　　　　　) (　　　　　), Mike was better than Tom.

4 適語補充　(　　)に適切な1語を入れて，日本語に合う英文にしなさい。(完答4点×3＝12点)

(1) 彼女は先月からずっと具合が悪いです。　➡ 1

She (　　　　　) (　　　　　) sick (　　　　　) last month.

(2) どれくらいの間，雨が降り続いていますか。　➡ 2

(　　　　　) (　　　　　) (　　　　　) it been rainy?

(3) 私は姉をここで1時間待っています。　➡ 3

I've (　　　　　) (　　　　　) for my sister here (　　　　　) an hour.

5 **整序** 日本語に合う英文になるように，(　　)内の語句を並べかえて全文を書きなさい。

(5点×2＝10点)

(1) 私はこの前の5月からずっと兄と会っていません。 ➡1

I (seen / since / haven't / May / my brother / last).

____

(2) 彼は3時間ずっと音楽を聞いています。 ➡3

He (been / three / has / music / for / hours / to / listening).

____

6 **英語で表現** あなたは友だちに，次のことをたずねたい。英語でどう言うか書きなさい。

(7点×2＝14点)

(1) 英語を勉強している期間 ➡2

____

(2) この町に住んでいる期間 ➡2

____

7 **読解** 次の英文を読んで，あとの問いに答えなさい。 〔計24点〕

In the Hiroshima Peace Memorial Park, there is a monument. It was built for Sasaki Sadako and many other children. They were victims of the atomic bomb.

In 1954, Sadako became sick. She believed she would get better by making a thousand paper cranes. However, she passed away the next year. She was only twelve.

Many people have been sending millions of paper cranes to the monument since it was built. The paper cranes show people's hope for peace.

(1) 本文の内容に合うものには○を，合わないものには×を書きなさい。 (6点×2＝12点)

(a) In the Hiroshima Peace Memorial Park, you can see a monument for atomic bomb victims. (　　)

(b) Sadako got well because she made a thousand paper cranes. (　　)

(2) 本文の内容に合うように，次の問いに英語で答えなさい。 (6点×2＝12点)

(a) How old was Sadako when she died?

____

(b) What do the paper cranes from many people show?

____

Reading ③

まとめテスト　第1回

教科書 pp.120 ～ 124

目標時間	得点
30分	／100

1 リスニング　英語を聞き，内容に合う絵を選び，記号で答えなさい。　(4点)

ア

イ

ウ

エ

(　　　)

2 語句　英語は日本語に，日本語は英語にしなさい。　(4点×4＝16点)

(1) mind　(　　　　　　)　　(2) truly　(　　　　　　)

(3) 政府　gov _ rnm _ nt　　(4) 許可　p _ rm _ ssion

3 適語補充　(　　)に適切な1語を入れて，日本語に合う英文にしなさい。　(完答5点×3＝15点)

(1) 彼女は1日に1冊の本を読む決心をしました。

She (　　　　　) up (　　　　　) mind to read a book in a day.

(2) 「ここで泳ぐな」と叫んでいる人たちがいました。

Some people (　　　　　) (　　　　　), “Don’t swim here.”

(3) 私たちはだれも助けることができませんでした。

We could (　　　　　) help (　　　　　).

4 整序　日本語に合う英文になるように，(　　)内の語句を並べかえて全文を書きなさい。　(6点×3＝18点)

(1) 私はこれ以上の箱を運ぶことはできません。

(can’t / boxes / more / carry / I / any).

____

(2) 私は激しい雨にもかかわらず外出しました。

I (spite / out / the heavy rain / in / went / of).

____

(3) 私はその問題を解くためにヒントを求めました。

(solve / to / asked / that problem / I / some hints / for).

____

5 読解 次の英文を読んで，あとの問いに答えなさい。 〔計47点〕

On July 18, 1940, Sugihara Chiune ①(hear) a noise from outside his office in Lithuania. He saw many Jewish people. They were asking for transit visas through Japan. They wanted to be free (②) the Nazis.

Chiune sent a telegram to the Japanese government. He asked permission to write visas. Soon a telegram arrived. It said, “③( ) write visas for ( ) if they ( ) satisfy our conditions.”

Chiune had to obey the order. He also had to close his office and leave the country (④) a month. However, he wanted to help the Jewish people. He made up his mind. “In spite of all the trouble, I'll write the visas!”

Time was ⑤(limit). Chiune wrote visas day and night. He ate very little. His arm became sore. (⑥) his last day, he went to the station to leave for Berlin. A lot of Jewish people were waiting for him there. So Chiune kept writing visas while on the train. When the train started to leave, he handed out the last visa from the train window and cried out, “I'm really sorry. I cannot write any more visas. I truly hope everyone will be safe.” Someone shouted to Chiune, “Mr. Sugihara, we will not forget you. Someday we will meet you again.”

(1) ①，⑤の(　　)内の語を適する形に変えなさい。 (4点×2＝8点)

① (　　　　　　)　　⑤ (　　　　　　)

(2) ②，④，⑥の(　　)内に入る最も適切な語をア～カから選んで，記号を書きなさい。 (4点×3＝12点)

ア at　イ from　ウ in　エ by　オ to　カ on

② (　　　)　④ (　　　)　⑥ (　　　)

(3) 下線部③が「われわれの条件を満たさないならば，だれにもビザを発行してはいけません」という意味になるように，(　　)に適切な1語を入れなさい。 (完答6点)

(　　　　　　), (　　　　　　), (　　　　　　)

(4) 本文の内容に合うものには○を，合わないものには×を書きなさい。 (7点×2＝14点)

(a) Jewish people wanted to go to Berlin. (　　)

(b) Chiune said to Jewish people, “I'm sorry” because he didn't write any visas for them. (　　)

(5) 本文の内容と合うように，次の問いに英語で答えなさい。 (7点)

What did Chiune hope when he left Lithuania?

____

Reading ③

まとめテスト　第2回

教科書 pp.120 ~ 124

目標時間	得点
30分	／100

1 リスニング　対話を聞き，内容に合うものを○で囲みなさい。 (4点×2＝8点)

(1) ジェーンが疲れているように見えるのは，(朝起きてから ／ 夜寝るまで)ずっとピアノを練習しているからだ。

(2) 明日は(ジェーン／ジェーンのおばあさん)の誕生日だ。

2 語句　英語は日本語に，日本語は英語にしなさい。 (3点×4＝12点)

(1) quit　(　　　　　)　(2) inner　(　　　　　)

(3) ～に反対して　ag _ _ nst　(4) 紹介する　int _ odu _ e

3 適語補充　(　　)に適切な1語を入れて，日本語に合う英文にしなさい。 (完答4点×4＝16点)

(1) 彼女は涙を流して，私たちにその話をしました。

She told us the story (　　　　　) (　　　　　).

(2) 彼の行動のおかげで，私たちの計画が実現しました。

Our plan came true (　　　　　) of his action.

(3) あなたたちはなぜ規則に逆らったのですか。

Why did you (　　　　　) (　　　　　) the rule?

(4) スピーチの前に自己紹介をしていただけませんか。

Could you (　　　　　) (　　　　　) before your speech?

4 整序　日本語に合う英文になるように，(　　)内の語句を並べかえて全文を書きなさい。 (4点×3＝12点)

(1) 彼は私にノートを見せてくれました。(showed / he / his notebook / me).

____

(2) 何千人ものファンがスタジアムの前にいるのが見えます。

We (of / can / thousands / the stadium / fans / in front of / see).

____

(3) 私は昨日，弟に本を読まなければなりませんでした。

(to / for / had / a book / I / my brother / read) yesterday.

____

5 読解 次の英文を読んで，あとの問いに答えなさい。 〔計52点〕

Chiune returned to Japan in 1947. ①He had to quit his job. One day in 1968, Chiune received a phone call from the Israeli Embassy. Later, Chiune ②(meet) a man. ③(of / the man / paper / him / showed / an old piece). "Do you remember this? ④We've (　　) (　　) for you (　　) the war ended," the man said in tears.

Chiune introduced himself as "Sempo" when he was in Europe. It was easier to pronounce. Because of ⑤this, the Jewish people couldn't find him easily.

Chiune wrote 2,139 visas and saved thousands of Jewish ⑥(life). Why did he go against the Japanese government? Later, Chiune said, "I just followed ⑦my inner voice."

(1) 次の英文が，下線部①の理由を表す文になるように，(　　)に適切な1語を入れなさい。(4点)

Because he went (　　　　　　) the Japanese government and wrote visas for Jewish people.

(2) ②，⑥の(　　)内の語を適する形に変えなさい。 (4点×2＝8点)

② (　　　　　)　⑥ (　　　　　)

(3) 下線部③が「男は彼に古い紙を1枚見せました」という意味になるように，(　　)内の語句を並べかえて全文を書きなさい。 (5点)

____

(4) 下線部④が「私たちは戦争が終わってからずっとあなたをさがしていました」という意味になるように，(　　)に適切な1語を入れなさい。 (完答5点)

(　　　　　) (　　　　　), (　　　　　)

(5) 下線部⑤が指す内容を，日本語で書きなさい。 (6点)

(　　　　　　　　　　　　　　　　　　　　)

(6) 下線部⑦はどんな声だと思いますか。ア～ウから選んで，記号で答えなさい。 (6点)

ア I hope the war will end soon.

イ I want to leave here in a month.

ウ I have to rescue the people. (　　)

(7) 本文の内容に合うものには○を，合わないものには×を書きなさい。 (6点×3＝18点)

(a) "Sempo" was easier than "Chiune" when people in Europe pronounced. (　　)

(b) Chiune thought, "I have seen this man before." (　　)

(c) Over 2,000 visas were written by Chiune. (　　)

定期テスト予想問題４　第１回

PROGRAM 7 ～ Reading ③

教科書 pp.89 ～ 124

目標時間	得点
30分	／100

1 リスニング　次の各問いに答えなさい。

(1)　イラストを参考にしながら対話と応答を聞き，最も適切な応答をア～ウの中から一つ選んで書きなさい。　(4×3＝12点)

(a) (　　　　　)　(b) (　　　　　)　(c) (　　　　　)

(2)　英文と質問を聞き，その答えとして最も適切なものをア～エの中から一つ選んで書きなさい。　(4点)

ア　A farmer.　　イ　An athlete.

ウ　A police officer.　　エ　A teacher.　　(　　　　　)

2 適語補充　(　　)に適切な１語を入れて，日本語に合う英文にしなさい。(完答6点×3＝18点)

(1)　私たちの学校は病院と公園の間にあります。

Our school is (　　　　　) a hospital (　　　　　) a park.

(2)　この箱の中に紙が 10 枚入っています。

There are ten (　　　　　) (　　　　　) paper in this box.

(3)　ここで私を 30 分待っていただけますか。

Could you wait for me here for (　　　　　) an (　　　　　)?

3 適文選択　次の会話について，(　　)に入れるのに最も適切なものを下のア～エの中から一つ選んで書きなさい。　(6点×2＝12点)

(1)　*Girl :* We have to finish our homework this weekend. (　　　　　)　➲P7-1 2

Boy : No. I'm going to do it on Sunday.

ア　Have you finished yours yet?　　イ　Have you ever done it?

ウ　What do you want to do?　　エ　Do you know when to do it?

(2)　*Girl :* Have you been to this museum before?　➲P7-2 1 2

Boy : No. (　　　　　) It's so exciting.

ア　With my sister.　　イ　When I was a child.

ウ　This is my first time.　　エ　My school is near here.

4 **英語で表現** さくらになったつもりでマットの質問に2文以上の英語で書きなさい。➡P8 2

(9点)

____

5 **読解** 次の原爆の子の像に関する英文を読んで，あとの問いに答えなさい。 〔計45点〕

The monument receives about 10 million paper cranes every year. But every year those cranes are ①(burn). ②<u>It</u> costs too much and ②<u>it's</u> not good for the environment. ③<u>People have (　　) thinking about this problem (　　) a long (　　).</u>

One good idea is (　④　) recycle the paper cranes into notebooks and *origami* paper. When people fold the recycled paper into cranes again, they are ⑤(renew) the hope (　⑥　) lasting peace.

(1) ①，⑤の(　　)内の語を適切な形に変えなさい。 (6点×2＝12点)

① (　　　　　　)　　⑤ (　　　　　　)

(2) 下線部②は同じ内容を指している。その内容を日本語で書きなさい。 (7点)

(　　　　　　　　　　　　　　　　　　　　　　　　　　　　　　)

(3) 下線部③が「人々はこの問題について長い間考えています」という意味になるように，(　　)に適切な1語を入れなさい。 (完答7点)

(　　　　　　), (　　　　　　), (　　　　　　)

(4) ④，⑥の(　　)に適切な1語を入れなさい。 (6点×2＝12点)

④ (　　　　　　)　　⑥ (　　　　　　)

(5) 本文の内容に合うように，(　　)に適切な1語を入れなさい。 (完答7点)

People (　　　　　　) about 10 million paper cranes (　　　　　　) the monument every year.

定期テスト予想問題4　第2回

PROGRAM 7 〜 Reading ③

教科書 pp.89 〜 124

目標時間	得点
30分	／100

1 **リスニング** 次の各問いに答えなさい。

(1) イラストを参考にしながら対話と応答を聞き，最も適切な応答をア〜ウの中から一つ選んで書きなさい。 (5点×3＝15点)

(a) (　　　　)　(b) (　　　　)　(c) (　　　　)

(2) 英文と質問を聞き，その答えとして最も適切なものをア〜エの中から一つ選んで書きなさい。 (5点)

ア About his job.　イ About a basketball game.

ウ About being absent.　エ About his class.　(　　　　)

2 **適語補充** (　　)に適切な1語を入れて，日本語に合う英文にしなさい。(完答6点×3＝18点)

(1) 当時，駅前に病院がありました。

In (　　　　) (　　　　), there was a hospital in front of the station.

(2) 私は父親のような教師になる決心をしました。

I (　　　　) up (　　　　) mind (　　　　) be a teacher like my father.

(3) 私は腕時計をさがしましたが，見つかりませんでした。

I (　　　　) (　　　　) my watch, but I couldn't find it.

3 **適文選択** 次の会話について，(　　)に入れるのに最も適切なものを下のア〜エの中から一つ選んで書きなさい。 (6点×2＝12点)

(1) *Girl :* Hi, Mike. Have you ever been to the restaurant near City Hall? ➡P7-2 2

Boy : Yes. (　　　　) I think their hamburger is the best in this town.

ア I often visit it.　イ I'll send you a message.

ウ I don't know that.　エ I don't want to go there.

(2) *Girl :* Hi, Jim. (　　　　) ➡P8 1

Boy : I was in grandfather's house. I just came back a week ago.

ア I had a nice time there.　イ I haven't seen you for one month.

ウ I've never been there before.　エ You often go there, don't you?

4 英語で表現 シェリーになったつもりで大輔の質問に2文以上の英語で書きなさい。

➲P7-2 2 (8点)

5 読解 次の会話文を読んで，あとの問いに答えなさい。 〔計42点〕

Mao: I'm going to do my homework for the speech after I get home. Have you done it yet?

Daniel: I started it yesterday, but ①I (　　) finished it (　　).

Mao: What are you writing about?

Daniel: About *Captain Tsubasa*. My uncle recommended it.

Mao: Do people in foreign countries know about *Captain Tsubasa*?

Daniel: According to my uncle, a lot of professional soccer players watched it when they (　②　) children. ③Some of them started playing soccer because of it.

Mao: Wow! ④*Captain Tsubasa* gave them "wings."

(1) 下線部①が「私はまだそれを終えていません」という意味になるように，(　　)に適切な1語を入れなさい。 (完答6点)

(　　　　　　), (　　　　　　)

(2) ②の(　　)に適切な1語を入れなさい。 (6点)

(　　　　　　)

(3) 下線部③，④とそれぞれ同じ意味の英文になるように，(　　)に適切な1語を入れなさい。 (完答7点×2=14点)

③ Some of them started (　　　　　) (　　　　　) soccer because of it.

④ *Captain Tsubasa* gave "wings" (　　　　　) (　　　　　).

(4) 本文の内容に合うものには○を，合わないものには×を書きなさい。 (8点×2=16点)

(a) Mao has finished her homework, but Daniel hasn't done it yet. (　　　)

(b) Many professional soccer players have watched *Captain Tsubasa*. (　　　)

PROGRAM 1 Steps 1

● Check pp. 4 ～ 5

1 (1) am going to (2) Are, going to
(3) are not, to

2 (1) It'll rain (2) Will, get up, will
(3) won't watch

3 (1) When, sang (2) when, came
(3) If, is

解説

1(1)「～する予定です」は be going to ～ で表す。主語が I なので，be 動詞は am。
(2) be going to ～の疑問文は，be 動詞を主語の前に出す。
(3) be going to ～の否定文は，be 動詞のあとに not を置く。

2(1)「～するでしょう」は will で表す。空所の数から It will の短縮形 It'll が入る。
(2) will ～の疑問文は, will を主語に前に出す。
(3) will ～の否定文は，will のあとに not を置く。空所の数から，will not の短縮形 won't を使う。

3(1)「～のとき」は When ～で表す。
(2) when ～が文の後半にくる形。
(3)「もし～ならば」は If ～で表す。if ～の部分では未来のことでも現在形で表す。

まとめテスト●第１回 pp. 6 ～ 7

1 (1) ウ，イ (2) エ，ア

2 (1) 心配な (2) 引っ越す
(3) hope (4) forget

3 (1) say hello (2) By, way
(3) little bit (4) do, best

4 (1) visit (2) Are (3) go (4) run
(5) won't (6) is (7) When

5 (1) I am going to leave Japan next week.
(2) Will they clean the gym after school?
(3) I saw Bob when I was in Tokyo.

6 (1) 例 I am[I'm] going to make[cook] lunch.
(2) 例 I will[I'll] buy some books.

7 (1) 真央とまた同じクラスになれたから。
(2)(a) × (b) ○
(3) She is[She's] planning a farewell party for Miki.

台本

1 久美：Sam, do you have any plans for weekend? / サム：Yes. I'm going to study math this Saturday. / 久美：Oh, are you? How about Sunday? / サム：I'm going to go shopping. How about you, Kumi? / 久美：I'm going to listen to music on Saturday and practice the piano on Sunday.
《和訳》久美「サム，あなたは何か週末のための予定がありますか」 サム「はい。ぼくは今度の土曜日に数学を勉強する予定です」 久美「ああ，そうなのですね。日曜日はどうですか」 サム「ぼくは買い物に行く予定です。あなたはどうですか, 久美」 久美「私は土曜日に音楽を聞いて，日曜日にピアノを練習する予定です」

解説

3(1)「～によろしくと言う」は, say hello to ～。
(2)「ところで」は，by the way。話題をかえるときなどに使う。
(3)「少し」は a little bit。
(4)「ベストをつくす」は，do ～'s best。ここでは主語が you なので，do your best となる。if ～の部分では未来のことも現在形で表す。

4(1)「真理は来週，遊園地に行くでしょう」 主語が三人称・単数のときも，will のあとの動詞は原形。
(2)「あなた(たち)は今日，ここに滞在する予定ですか」 be going to ～の疑問文。主語が you なので be 動詞は are。
(3)「あなたが明日，駅に行くとき，私の自転車を使ってもいいです」 接続詞 when を使った文。when ～の部分では未来のことも現在形で表すので，go を選ぶ。

(4)「あなたのおかあさんは明日の朝，公園で走る予定ですか」 be going to ～の疑問文。to のあとには動詞の原形が続くので，run を選ぶ。

(5)「私は今日，夕食を作らないでしょう」 一般動詞 cook があるので be 動詞 am を選ぶことはできない。この文は will の否定文。won't は will not の短縮形。

5 (1)「私は～する予定です。」は，I am going to ～. で表す。「日本を出発する」は leave Japan。

(2) 疑問文なので，will を主語 they の前に置く。

(3)「～のとき」は when ～で表す。when のあとには I was in Tokyo が続く。

6 (1)「私は夕食を作る予定です」 明日の予定を答えるので未来の文で表す。am が指定されているので，be going to ～で表す。

(2)「私は本を何冊か買う予定です」 同じく未来の文で表す。will が指定されているので，will buy ～となる。

7 (1) ダニエルの直前の発言「私たちはまた同じクラスです」に注目。

(2)(a)「ダニエルはカナダに引っ越す予定です」 4行目参照。カナダに引っ越すのは美希。

(b)「美希は来週，日本を出発する予定です」 5～6行目参照。

(3)「真央は何を計画していますか」という意味。6行目参照。

まとめテスト●第2回　pp. 8 ～ 9

1 (1) 走る　(2) 寒い

2 (1) 計画，プラン，計画する　(2) すぐに，まもなく　(3) nothing　(4) free

3 (1) My pleasure　(2) What's up
(3) keep, touch　(4) Take care[Be careful]

4 (1) Are, to, are　(2) teach, won't
(3) What, He's, to　(4) Will, won't
(5) Where, will go

5 (1) My sister will do her homework after dinner.
(2) Daniel is going to eat breakfast at seven.
(3) If it is cold tomorrow morning, I won't wash my father's car. [I won't wash my father's car if it is cold tomorrow morning.]

6 (1) 例 What will you do[are you going to do] if it is[it's] rainy tomorrow?
(2) 例 What were you doing when I called you yesterday?

7 (1) カナダは今寒いから。
(2) すぐに新しい友だちができるということ。
(3)(a) ×　(b) ○

台本

1 サム：Hi, Ann. What will you do tomorrow? / アン：I'll run in the park. So I'm doing my homework now. I will not have time for homework tomorrow. / サム：It'll be cold tomorrow. / アン：Is that right? Then, I'll read books at home.

《和訳》サム「こんにちは，アン。あなたは明日，何をするつもりですか」 アン「私は公園で走るつもりです。だから私は今，宿題をしています。私は明日，宿題のための時間がないでしょう」 サム「明日は寒くなるでしょう」 アン「それは本当ですか。では，私は家で本を読むつもりです」

解説

3 (1) My pleasure. は，You're welcome.「どういたしまして。」のように，Thank you. に対する返答に使われることもある。

(2)「どうしたの？」は What's up?。

(3)「連絡を取り合う」は，keep in touch。

(4)「注意する」は take care。ここでは命令文で使われている。

4 (1)「あなたたちは明日，野球を練習する予定ですか」――「はい，そのつもりです」 be going to ～の疑問文に対しては，be 動詞を使って答える。

(2)「林先生は次の金曜日，私たちに数学を教えてくれますか」――「いいえ，そうではありません。彼は次の水曜日に私たちにそれを教えてくれます」 Will ～? の疑問文に対しては，will を使って答える。ここでは will not の短縮形 won't を使う。

(3)「健は大学で何を勉強するつもりですか」――「彼は科学を勉強するつもりです」 Yes / No で答えていないので，疑問詞で始まる疑問文だとわかる。答えの文の最初の空所には，He is の短縮形 He's が入る。

(4)「あなたのおかあさんは明日，ケーキを作るつもりですか」――「いいえ，そうではありません」 tomorrow があるので未来の文。空所の数から，will を使った未来の文だとわかる。

(5)「あなたとあなたのおとうさんは今度の夏にどこに行くつもりですか」――「私たちは京都に行くつもりです」 Yes / No で答えていないので，疑問詞で始まる疑問文だとわかる。to Kyoto があるので，Where ～? とたずねていることがわかる。will ～の疑問文には will を使って答える。

5(1)「私の姉[妹]は夕食後に宿題をします」→「私の姉[妹]は夕食後に宿題をするでしょう」 主語が三人称・単数でも will のあとの動詞は原形。

(2)「ダニエルは7時に朝食を食べます」→「ダニエルは7時に朝食を食べる予定です」 be going to ～を使って書きかえる。主語が三人称・単数なので，be 動詞は is。

(3)「明日の朝は寒いでしょう。私は父の車を洗わないでしょう」→「明日の朝寒かったら，私は父の車を洗わないでしょう」 if ～の部分では未来のことも現在形で表すので，if it is ～となる。

6(1)「明日雨だったら，あなたは何をするつもりですか」「明日雨だったら」は if ～で表す。「あなたは何をするつもりですか」は，疑問詞 what で始まる疑問文。will の文，あるいは be going to ～の疑問文の語順を続ける。If ～ を文の前半に置いてもよい。

(2)「私が昨日あなたに電話したとき，あなたは何をしていましたか」「私が昨日あなたに電話したとき」は when ～で表す。「あなたは何をしていましたか」は疑問詞 what で始まる疑問文。過去進行形の疑問文の語順を続ける。When ～ を文の前半に置いてもよい。

7(1) 直前の文「カナダは今寒いです」に注目。

(2) 直前にあるダニエルの発言を指す。

(3)(a)「美希はカナダの地元の学校で学ぶ予定ではありません」 3～4行目参照。

(b)「ダニエルと美希は連絡を取り合うでしょう」 最後の2行参照。

PROGRAM 2

● Check　pp.10～11

1 (1) think that　(2) hear, like
　(3) know that

2 (1) must do　(2) must protect
　(3) must not

3 (1) has to　(2) had to　(3) don't have

解説

1(1)「～と思う」は think that ～。

(2)「～と聞いている」は hear (that) ～。that は省略できる。

(3)「あなたは～だと知っていますか。」は Do you know that ～?

2(1)(2)「～しなければならない」は must ～。must のあとには動詞の原形がくる。

(3)「～してはいけない」は must not ～。

3(1) 主語 My mother は三人称・単数なので，has to ～。

(2) 過去のことなので，had to ～が入る。

(3)「～する必要はない」は don't have to ～。

まとめテスト●第1回　pp.12～13

1 (1) ア，ウ　(2) イ，エ

2 (1) 歴史　(2) 規則，ルール

(3) easy (4) everything

3 (1) go to bed (2) interested in
(3) a lot (4) pick up

4 (1) think that (2) must wash
(3) don't have

5 (1) He doesn't know that I'm from Canada.
(2) My mother must work on Sunday.
(3) You don't have to teach English to them.

6 (1) 例 I know (that) Jim has many[a lot of] umbrellas.
(2) 例 I know (that) you do not[don't] like animals.

7 (1) 美希はハイキングが好きだということ。
(2) 次の土曜日にハイキングにさそわれて，トムのおじさんのエリックが案内してくれるから。
(3)(a) × (b) ○

台本

1 男の子：My parents come home after eight. So I must make dinner. I don't have to wash the dishes because my father usually does it. I have to clean the bathroom every Sunday. But I don't have to do that from Monday to Saturday.

《和訳》男の子「ぼくの両親は８時よりあとに帰宅します。だからぼくは夕食を作らなければなりません。ぼくの父がたいていしてくれるので，ぼくはお皿を洗う必要はありません。ぼくは毎週日曜日，浴室を掃除しなければなりません。しかし，ぼくは月曜日から土曜日まではそれをする必要はありません」

解説

3(1)「寝る」は go to bed。
(2)「～に興味がある」は be interested in ～。
(3)「たくさん」は a lot。
(4)「～を拾う」は pick up ～[pick ～ up]。

4(1)「私は，数学は難しいと思います」「～だと思う」は think (that) ～。
(2)「昼食の前に手を洗いなさい」 命令文と You must ～. はほぼ同じ意味を表す。
(3)「あなたはここで待つ必要はありません」 don't have to ～は「～する必要はない」。

5(1)「彼は知りません」を He doesn't know,「私がカナダ出身だ」を I'm from Canada, と組み立て，that を接続詞として使い，２つの文をつなげる。
(2)「働かなければならない」は must work。「日曜日に」は on Sunday。
(3)「～する必要はない」は don't have to ～で表す。「～に英語を教える」は teach English to ～。

6「～ということを知っている」は know (that) ～で表す。
(1)「私は，ジムがたくさんのかさを持っていると知っています」「たくさんのかさ」は many[a lot of] umbrellas。
(2)「私は，あなたが動物を好きではないと知っています」「動物を好きではない」は do not[don't] like animals。

7(1) 直前の文の内容を指す。
(2) 直前にあるトムの発言に注目。
(3)(a)「美希は日本ではハイキングに行きませんでした」 ２行目参照。
(b)「美希は今度の土曜日，６時にトムの家に行くつもりです」 ３～６行目参照。

まとめテスト●第２回 pp.14 ～ 15

1 (1) × (2) ○ (3) ×

2 (1) 思う，信じる (2) 心配する
(3) build (4) trouble

3 (1) went hiking (2) here, go
(3) First, all (4) cut down

4 (1) that (2) you are (3) study
(4) has (5) that (6) have (7) closed

5 (1) think that (2) must not (3) have to

6 (1) 例 You must not[mustn't] play the guitar here.
(2) 例 You don't have to read these books.

7 (1) ビーバーが木を切り倒したということ。
(2) ビーバーがダムや巣を作るから。
(3)(a) × (b) ○

台本

1 誠：I like history. I think history is easy. How about you, Beth? / ベス：Well, I think history is difficult, Makoto. I like math. / 誠：I like math too. I think math is important. / ベス：I think so too. But my brother isn't interested in math. He likes Japanese and P.E.

《和訳》誠「ぼくは歴史が好きです。ぼくは歴史は簡単だと思います。あなたはどうですか，ベス」 ベス「ええと，私は，歴史は難しいと思いますよ，誠。私は数学が好きです」 誠「ぼくも数学が好きです。ぼくは数学は重要だと思います」 ベス「私もそう思います。しかし，私の兄は数学に興味がありません。彼は国語と体育が好きです」

解説

3(1)「ハイキングに行く」は go hiking。過去の文なので went とする。
(2)「さあ，行きますよ。」とうながすときは，Here we go. と言う。
(3)「何よりもまず」は first of all。
(4)「切り倒す」は cut down。

4(1)「真美は，父親が来月，日本に戻ってくると思っています」
(2)「佳代はあなたがここにいると知っていますか」 接続詞 that 以降の語順は，疑問文でも変わらない。
(3)「健は数学を毎日勉強しなければなりません」 must のあとには動詞の原形。
(4)「私の姉[妹]は毎日ピアノを練習しなければなりません」 主語が三人称・単数なので，has to ～。
(5)「あなたは，彼の母親が英語の先生だということを知っていますか」
(6)「佳代は毎朝，朝食を作らなければいけませんか」
(7)「私たちは健太がその窓を閉めたと知りませんでした」

5(1) 2文目の so は1文目を指すので，「あなたは彼が人気のある歌手だと思いますか」とする。
(2)「夕食の前にテレビを見てはいけません」
(3)「私たちは森先生にそのことを言わなければいけません」

6(1)「あなたはここでギターをひいてはいけません」 must が指定されているので，否定の命令文ではなく，You must not ～. で表す。
(2)「あなたはこれらの本を読む必要はありません」「～する必要はない」は don't have to ～ で表す。

7(1) a beaver did it の it は前の発言の cut down this tree を指す。
(2) 5行目参照。
(3)(a)「トムは，美希が何匹かのビーバーを見ることができると思っています」 7～8行目参照。
(b)「ビーバーは，日中は動きません」 8行目参照。

Power-Up 1・2 Word Web ①

● Check pp.16～17

1 (1) May[Can] I / Sure[OK]
(2) May[Can] I (3) May[Can] I

2 (1) Could you, right (2) Could, go
(3) Could you, Sure[OK]

解説

1(1)(2)「～してもいいですか。」は〈May[Can] I＋動詞の原形 ～?〉で表す。応じるときには，Sure. や，OK. などと言う。
(3) 電話で「～とお話したいのですが。」と言うときは May[Can] I speak to ～? と表す。

2「～していただけませんか。」は〈Could you＋動詞の原形 ～?〉。Can you ～? よりていねいな言い方。

まとめテスト●第1回　pp.18～19

1 (1) 学校　(2) 欠席

2 (1) 遅れた，遅い　(2) 会合，集まり
(3) moment

3 (1) Good morning　(2) Who's
(3) on　(4) have, wrong

4 (1) May　(2) Could　(3) May　(4) Could

5 (1) May I swim in this lake in summer?
(2) May I practice baseball on Wednesday?
(3) Could you read this book for children?

6 (1) 例 May I use your[the] computer?
(2) 例 Could you close the window(s)?

7 (1) マットのスケッチブック。
(2)(a) ×　(b) ○

台本

1 マイク：Hello, is this Riverside Junior High School? / 女性：Yes. Who's calling, please? / マイク：This is Mike Brown speaking. Can I talk to Ms. Smith? / 女性：Speaking. / マイク：Good morning, Ms. Smith. It's Mike Brown in Class 2-B. / 女性：Hi, Mike. What's up? / マイク：Sorry, but I'll be absent today. I feel sick. I'll see a doctor. / 女性：OK. Thank you for calling.
《和訳》マイク「もしもし，そちらはリバーサイド中学校ですか」 女性「はい。どちらさまですか」 マイク「こちらはマイク・ブラウンです。スミス先生をお願いできますか」 女性「私です」 マイク「おはようございます，スミス先生。2-Bのマイク・ブラウンです」 女性「こんにちは，マイク。どうしましたか」 マイク「すみません，ぼくは，きょうは欠席します。ぼくは具合が悪いのです。ぼくは医者へ行くつもりです」 女性「わかりました。電話してくれてありがとうございます」

解説

3(1) 朝のあいさつはGood morning.
(2) 電話で「どちらさまですか。」はWho's calling?
(3)「(受話器をそのままで)お待ちください。」はHold on, please.
(4) 間違い電話に対してはYou have the wrong number. などと言う。

4(1)(3)「～してもいいですか。」はMay I ～? で表す。
(2)(4)「～していただけますか。」はCould you ～? で表す。

5(1)「～してもいいですか」と許可を求める言い方。「この湖で泳ぐ」はswim in this lake。
(2)「～してもいいですか」と許可を求める言い方。
(3)「～していただけませんか」とていねいに依頼する言い方。「子どもたちのために」はfor children。

6(1)「コンピュータを使ってもいいですか」「～してもいいですか。」はMay[Can] I ～? で表す。
(2)「窓を閉めていただけませんか」「～していただけませんか。」はCould you ～? で表す。

7(1) 直前の文にあるyour sketchbookを当てはめると意味が通る。
(2)(a)「果歩がマットに電話したとき，彼は家にいませんでした」 3行目参照。
(b)「マットと果歩は明日，会合を開く予定です」 4～6行目参照。

まとめテスト●第2回　pp.20～21

1 エ

2 (1) 間違っている　(2) スケッチブック
(3) could

3 (1) Just a　(2) help, with　(3) See

4 (1) May　(2) Could

5 (1) May I write my name here?

(2) Could you speak in Japanese?
(3) Could you join the soccer team in our city?

6 (1) 例 May I go to the library after school?
(2) 例 Could you come home before four tomorrow?

7 (1) 一平が明日，もう一度電話をするということ。
(2)(a) No, she was not[wasn't].
(b) She will[She'll] come back at eight in the evening.

台本

1 男の子：What are you going to do next Saturday? / 女の子：I'm going to go to the sea. Let's go together. / 男の子：It'll be cold. I'm going to do my homework. How about next Sunday? / 女の子：OK. If it's sunny, I'll go there with you.
《和訳》男の子「次の土曜日，あなたは何をするつもりですか」 女の子「私は海へ行くつもりです。いっしょに行きましょう」 男の子「寒くなるでしょう。ぼくは宿題をするつもりです。次の日曜日はどうですか」 女の子「わかりました。もし晴れたら，私はあなたといっしょにそこへ行きます」

解説

3(1) 電話で「少々お待ちください。」は Just a moment(, please). で表す。 Hold on. とは異なり，電話以外でも使うことができる。
(2)「～の…を手伝う」は help ～ with ...。
(3) Goodbye. のように，別れるときに使うことのできるあいさつ。

4(1)「この寺で写真をとってもいいですか」――「いいですよ」
(2)「明日の午前中，家にいていただけますか」――「申し訳ありませんが，祖父を訪ねるつもりです」

5(1)「～してもいいですか。」と許可を求める言い方は May I ～?
(2)(3)「～していただけますか。」とていねいに依頼する言い方は Could you ～?

6(1)「放課後に図書館に行ってもいいですか」 may を使うので，May I ～? の文にする。
(2)「明日の4時前に帰宅してくれませんか」 could を使うので，Could you ～? の文にする。

7(1) 直前の一平の発言に注目。
(2)(a)「一平が電話したとき，キャシーは家にいましたか」 2行目参照。
(b)「キャシーはいつ帰宅しますか」 2～3行目参照。

定期テスト予想問題1●第1回　pp.22～23

1 (1)(a) ア　(b) ウ　(c) イ　(2) エ

2 (1) a little　(2) went hiking
(3) interested in

3 (1) イ　(2) ウ

4 例 I'll visit my friend and play video games with him.

5 (1)① When, almost　② do, best
(2) If you have time, tell me about your new class.
(3)(a) ○　(b) ×

台本

1 (1)(a)男の子：Let's play soccer tomorrow. / 女の子：Sorry, I can't. / 男の子：Why? // ア I must go to the hospital with my grandmother. / イ I don't like soccer. / ウ I'm very tired now.
(b)女の子：Where will you go tomorrow? / 男の子：To Shizuoka. / 女の子：Will it be sunny there? // ア Yes. I'm going to swim. / イ I don't know. If it's sunny, I will climb the mountain. / ウ No. It'll be rainy and I'm going to read books.
(c)男の子：May I use your computer now? / 女の子：Sorry, I'm using it. / 男の子：How about this afternoon? // ア Sure. You may use it. / イ

Sorry, I'll use it until six. / ウ　It's not mine.

(2) Next week, Yuka will be busy. She must clean her room on Monday. Her parents will come home at eight and she is going to make dinner from Tuesday to Thursday. / Question : What will Yuka do on Tuesday?

《和訳》(1)(a)男の子「明日，サッカーをしましょう」 女の子「すみません，できません」 男の子「なぜですか」 ア「私は祖母と病院へ行かなければなりません」 イ「私はサッカーが好きではありません」 ウ「私は今，とても疲れています」

(b) 女の子「あなたは明日，どこへ行くつもりですか」 男の子「静岡です」 女の子「そこでは晴れているでしょうか」 ア「はい。私は泳ぐつもりです」 イ「わかりません。もし晴れたら，ぼくは山に登るつもりです」 ウ「いいえ。雨になるでしょうから，ぼくは本を読むつもりです」

(c) 男の子「今，あなたのコンピュータを使ってもいいですか」 女の子「すみません，私は今それを使っています」 男の子「今日の午後はどうですか」 ア「いいですよ。あなたはそれを使ってもよいです」 イ「すみません，私は6時までそれを使うつもりです」 ウ「それは私のものではありません」

(2)「来週，由香は忙しくなるでしょう。彼女は月曜日に彼女の部屋を掃除しなければなりません。彼女の両親は8時に帰宅するでしょうから，彼女は火曜日から木曜日まで夕食を作るつもりです」
質問「由香は火曜日に何をするつもりですか」

解説

2 (1)「少しだけ」は a little bit。

(2)「ハイキングに行く」は go hiking。過去のことなので，過去形 went にする。

(3)「～に興味がある」は be interested in ～。

3 (1)「私たちは今週末，宿題をしなければいけません。あなたは土曜日にするつもりですか」―「いいえ。ぼくはそれを日曜日にするつもりです」 宿題を土曜日にするか日曜日にするかを話している場面。

(2)「明日，私に数学を教えていただけませんか」―「すみません。忙しいのです」 Could you ～? と依頼されて，断っているやりとり。

4「あなたは今週末，何をしますか」という質問。will の文で表すとよい。

5 (1)①「～するとき」は When ～で表す。「すんでのところで」は almost。 ②「最善をつくす」は do ～'s best。

(2) 接続詞 if の文。選択肢に〈,〉があるので，if ～の部分を文の前半に置く。

(3)(a) 2行目参照。

(b) 4行目参照。

定期テスト予想問題1●第2回　pp.24～25

1 (1)(a) ア　(b) ア　(c) ウ　(2) ウ

2 (1) help, with　(2) come home　(3) By, way

3 (1) イ　(2) ア

4 例 I have to take a bath with my sister.

5 (1) First of all
(2) Take only pictures, leave only footprints.
(3) must protect
(4)(a) ○　(b) ×　(c) ○

台本

1 (1)(a)男の子 : Are you going to go to the baseball game today? / 女の子 : Yes. My friend Ken will play there. / 男の子 : When are you going to be there? // ア　At about three thirty. / イ　With my classmates. / ウ　I'll walk there.

(b)女の子 : Your cake was so delicious! / 男の子 : Thank you for coming to my party. / 女の子 : My pleasure. Do I have to wash the dishes? // ア　No, you don't have to. I'll do it. / イ　No, I can't. / ウ　They're in the room.

(c)男の子 : Could you find my bag? / 女

の子：Yes. What color is it? / 男の子：It's black. My mother made it for me. // ア　Sorry, I don't want it. / イ　You should wash it. / ウ　Look! It's on your desk.

(2) Beth is a good tennis player. She's going to practice it with her father. But she thinks it'll be rainy tomorrow. If it's rainy tomorrow, she's going to go shopping. She wants a new jacket. / Question：What will Beth buy if it's rainy tomorrow?

《和訳》(1)(a)男の子「あなたは今日，野球の試合へ行く予定ですか」 女の子「はい。私の友だちの健がそこでプレーします」 男の子「あなたはいつそこに着く予定ですか」 ア「3時30分ごろです」 イ「私のクラスメイトといっしょに」 ウ「私は歩いてそこへ行くつもりです」

(b) 女の子「あなたのケーキはとてもおいしかったです」 男の子「ぼくのパーティーに来てくれてありがとうございます」 女の子「どういたしまして。私はお皿を洗わなければなりませんか」 ア「いいえ，その必要はありません。ぼくがそれをします」 イ「いいえ，ぼくはできません」 ウ「それらはその部屋にあります」

(c) 男の子「ぼくのかばんを見つけていただけませんか」 女の子「いいですよ。それは何色ですか」 男の子「それは黒です。ぼくの母がぼくのためにそれを作りました」 ア「すみません，私はそれがほしくありません」 イ「あなたはそれを洗うべきです」 ウ「見てください。それはあなたの机の上にあります」

(2)「ベスはよいテニス選手です。彼女は彼女のお父さんといっしょにそれを練習するつもりです。しかし，彼女は明日，雨が降るだろうと思っています。もし明日，雨が降ったら，彼女は買い物に行くつもりです。彼女は新しい上着がほしいです」

質問「もし明日雨が降ったら，ベスは何を買うつもりですか」

解説

3(1)「ジョンは小さなイヌを飼っています。彼はそれが大好きです」―「本当ですか。驚きました。ぼくは，彼はイヌが好きではないと聞いています」 男の子が驚いているので，女の子の発言と反対の内容が入る。

(2)「ここでギターをひいてもいいですか」―「いいですよ。でも8時前に終えてください」 許可したが，8時前に終わってほしいと注意しているやりとり。

4「あなたは毎日，夕食後に何をしなければいけませんか」という質問。

5(1)「何よりもまず」は first of all。

(2) 3行目参照。

(3)「～しなければいけない」は〈must＋動詞の原形〉で表す。「保護する」は protect。

(4)(a)「ハイキングに行くとき，写真をとってもいいです」 4行目参照。

(b)「ごみを家に持ってくる必要はありません」 4～7行目参照。

(c)「美希とトムが困ったときには，エリックが助けてくれるでしょう」 最終行参照。

PROGRAM 3　Steps 2 / Our Project ④

● Check　pp.26～27

1 (1) to have[eat]　(2) to see　(3) to read
(4) to make[cook]　(5) to play

2 (1) enjoy eating[having]　(2) Making, is
(3) is teaching　(4) finish doing
(5) was working　(6) Writing, isn't

解説

1(1)「～したい」は〈want to＋動詞の原形〉で表す。

(2)(4)「～しに」，「～するために」は〈to＋動詞の原形〉で表す。

(3)「～する時間」は time のあとに〈to＋動詞の原形〉を置いて表す。

(5)「～するのが好き」は〈like to＋動詞の原形〉で表す。

2(1)「楽しく～する」は〈enjoy＋動詞の -ing 形〉で表す。

(2)(3)(5)「～すること」を動名詞で表す。

(4)「～することを終える」は〈finish＋動詞の -ing 形〉で表す。

(6)「英語で手紙を書くこと」を動名詞を使って writing a letter in English と表す。主語が動名詞のときは単数扱いなので，be 動詞は is を使う。ここは否定文なので，is not の短縮形 isn't。

まとめテスト●第１回　pp.28 ～ 29

1 ウ

2 (1) 贈り物，プレゼント　(2) 声
(3) character　(4) healthy

3 (1) so on　(2) Some, Others
(3) looks like　(4) in, future

4 (1) To read　(2) to talk　(3) singing
(4) to be　(5) to take　(6) to rain

5 (1) We went to the gym to help our teacher.
(2) His hobby is listening to music.
(3) Did you start making dinner at four?

6 (1) 例 I want to go hiking (next week).
(2) 例 I want to swim in the sea (next week).

7 (1) わたあめがアメリカから伝わったものだということ。
(2)(a) ○　(b) ×

台本

1 女の子：I like to play basketball. My basket shoes are new, but my ball is old. So I want a new one. I want to buy it, but it's expensive. I hope to get a good one soon.
《和訳》女の子「私はバスケットボールをするのが好きです。私のバスケットボールシューズは新しいですが，私のボールは古いです。だから私は新しいものがほしいです。私はそれを買いたいですが，それは高いです。私はすぐによいものを手に入れることを望んでいます」

解説

3(1)「～など」は，～, and so on。
(2)「～もいれば，…もいる。」は，Some ～. Others ....。
(3)「～のように見える」は look like ～。
(4)「将来」は in the future。

4(1)「これらの本を読むとわくわくします」「～すること」を表す不定詞は文の主語にできる。
(2)「あなたには私たちと話す時間がありますか」 to talk ～が time を説明している。
(3)「私は母と楽しく歌いました」 enjoy のあとに動詞を続ける場合，動名詞にする。
(4)「私たちはよい選手になるために野球を練習しています」「～するために」を不定詞で表す。
(5)「私の趣味は花の写真をとることです」 不定詞は文の補語になることができる。
(6)「もうすぐ雨が降り始めるでしょう」 start のあとに動詞を続ける場合，動名詞でも不定詞でも続けることができる。

5(1)「手伝うために」を不定詞で表す。
(2)「音楽を聞くこと」を動名詞を使って listening to music と表す。
(3)「～し始める」を start ～ing の形で表す。

6「～したい」は〈want to＋動詞の原形〉で表す。

7(1) 直前のダニエルの言葉を指す。
(2)(a)「ダニエルと真央は多くの屋台を見ました」 1行目参照。
(b)「真央は甘い食べものを食べたいと思っています」 5行目参照。

まとめテスト●第２回　pp.30 ～ 31

1 (1) 音楽を聞くこと　(2) 見ること

2 (1) 高価な，高い　(2) それぞれの
(3) racket　(4) tall

3 (1) instead of　(2) around, world
(3) come true

4 (1) Cleaning　(2) to do
(3) to walk　(4) to play　(5) to talk

5 (1) I want to see stars at night.
(2) I will go to the bookstore to buy an English book.
(3) When did they finish studying math?

6 (1) 例 I like watching[to watch] baseball games on TV.
(2) 例 I like reading[to read] books about Japanese history.

7 (a) Yes, there are. (b) Yes, they do.
(c) She thinks it shows each country's food culture.

台本

1 健司：My sister likes music. She enjoys listening to music every day. She sometimes sings her favorite songs. My brother likes watching soccer games. His favorite team is the Red Tigers. He is happy when the team wins.
《和訳》健司「ぼくの姉は音楽が好きです。彼女は毎日，音楽を聞いて楽しみます。彼女はときどき，彼女のお気に入りの歌を歌います。ぼくの弟はサッカーの試合を見るのが好きです。彼のお気に入りのチームはレッドタイガースです。そのチームが勝つとき，彼は喜びます」

解説

3 (1)「～の代わりに」は instead of ～。
(2)「世界じゅうに」は around the world。
(3)「実現する」は come true。

4 (1)「ふろ場を掃除するのは私の姉[妹]の仕事です」 不定詞も動名詞も主語になることができる。
(2)「私たちは今日，忙しいです」→「私たちには，今日することがたくさんあります」 to 以下が many things を説明している。
(3)「私はイヌを公園まで散歩させるために6時に起きました」 to ～以下が got up の目的を表している。
(4)「あなたのおかあさんの趣味はピアノをひくことですか」 to ～と動名詞が主語の補語になっている文。
(5)「あなたは亮平と話すのが好きですか」 like to ～と like ～ing はほぼ同じ意味を表す。

5 (1)「見たい」を want to see と不定詞で表す。「夜に」は at night。
(2)「～を買いに」を to buy ～と不定詞で表す。
(3)「いつ」とたずねているので，When ～? の疑問文。「～し終える」は finish ～ing で表す。

6「～することが好きだ」は like to ～，あるいは like ～ing で表す。
(1)「テレビで～を見る」は watch ～ on TV。
(2)「～についての本」は books about ～。

7 (a)「オランダには屋台がありますか」 1～2行目参照。
(b)「オランダの伝統的な食べ物を食べるとき，つまようじを使うオランダ人がいますか」 3行目参照。
(c)「真央は street food についてどう思っていますか」 最後の2行参照。

Reading ①

まとめテスト●第1回 pp.32 ～ 33

1 ア

2 (1) 歯 (2) 叫ぶ
(3) basket (4) sly

3 (1) days later (2) to herself, sorry
(3) sorry for

4 (1) I decided to live abroad in the future.
(2) He took some books out of his bag.
(3) A cat is walking with a fish.

5 (1) One (2)② イ ③ エ
(3)④ wearing ⑤ thought
(4) When Hyoju's mother was sick, she wanted to eat eel.
(5)(a) ○ (b) ×
(6)(a) He was catching fish and eels.
(b) Yes, he[it] did.

台本

1　女の子：Girls were wearing white clothes.
《和訳》女の子「女の子たちは白い服を着ていました」

解説

3(1)「～後」は ～ later。
(2)「独り言を言う」は say to ～self。主語が she なので，say to herself。
(3)「～をすまないと思う」be sorry for ～。

4(1)「～すると決心する」は decide to ～。「外国で暮らす」は live abroad。
(2)「～を…から取り出す」は take ～ out of ...。
(3)「～をくわえて」を with で表す。

5(1)「ある日」は one day。
(2)② play a trick on ～ で「～にいたずらをする」 ③ by ～ で「～で」と手段や方法を表す。by his teeth で「彼の歯で」という意味。
(3)④ 直前に be 動詞 were があるので過去進行形の文。-ing 形にする。 ⑤ 過去形の thought にする。
(4)「～のとき」は接続詞 when を使う。語群に〈,〉があるので，When ～ が文の最初にくる。
(5)(a)「兵十はゴンを見たとき，うれしくありませんでした」 3～4行目参照。Hey, you sly fox!「おい，ずるいキツネめ」という言葉から兵十はゴンがウナギを盗もうとしていると思い，怒っていたことがわかる。
(b)「ゴンは兵十を訪ね，彼に『ごめんなさい』と言いました」 最終段落参照。独り言で言ったが，兵十に直接謝ってはいない。
(6)(a)「ゴンが川に降りてきたとき，兵十は何をしていましたか」 1～2行目参照。
(b)「ゴンは兵十のかごからウナギを盗みましたか」 3～4行目参照。

まとめテスト●第2回　pp.34～35

1　(1) 図書館　(2) 妹を連れていた

2　(1) 地面　(2) ドア，扉
(3) strange　(4) neighbor

3　(1) These days　(2) looked around
(3) Someone, cleans

4　(1) We are here to help you.
(2) She left some CDs in my room.
(3) I will call him tomorrow if he doesn't believe me.

5　(1) 毎日クリが扉の前に置かれること。
(2) ゴン，いたずらをする
(3) ③ shot　⑤ rising
(4) 扉の前に毎日クリを置いていたのはおまえだったのか。
(5)(a) ○　(b) ×
(6)(a) He found them at his door.
(b) No, he[it] didn't.

台本

1　男の子：Hi, Sae! I called you yesterday evening. You weren't at home. / 佐江：I'm sorry. When you called me, I was in the library. / 男の子：Were you studying there? / 佐江：No. I took my sister there.
《和訳》男の子「こんにちは，佐江。ぼくは昨晩あなたに電話をしました。あなたは家にいませんでした」 佐江「すみません。あなたが私に電話をしたとき，私は図書館にいました」 男の子「あなたはそこで勉強していましたか」 佐江「いいえ。私は私の妹をそこへ連れて行きました」

解説

3(1)「このごろ」は these days。
(2)「あたりを見回す」は look around。
(3)「だれか」は someone。someone は三人称・単数扱いなので，動詞 clean には s をつける。

4(1)「あなたたちを手伝うために」を副詞的用法の不定詞で to help you と表す。
(2)「～を置いていく」は leave ～。left は leave の過去形。
(3)「～ならば」を接続詞 if ～で表す。

5(1) 2～3行目参照。
(2) 直前の文に注目。

(3)③ 過去形にする。 ⑤ 直前に was があるので過去進行形の文。-ing 形にする。
(4) 直前の文と２～３行目参照。
(5)(a)「兵十はクリを見つけたとき，ゴンがそれらを置いたことを知りませんでした」２～４行目参照。
(b)「兵十はクリを隣人にあげました」 本文にはない内容。
(6)(a)「兵十はたくさんのクリをどこで見つけましたか」 ２～３行目参照。
(b)「ゴンは兵十に何か言いましたか」 最後から３行目に「弱々しくうなずきました」とあるが，何かを言ったとは書かれていない。

PROGRAM 4-1 Word Web ③

● Check pp.36～37

1 ❶(1) older (2) hotter
❷(1) bigger than (2) earlier than

2 ❶(1) more popular than
(2) more exciting than
❷ is more famous than this one

3 ❶(1) better, than (2) better than
❷ likes science better than math

解説

1 ❶(1)「田口先生は今井先生よりも年上です」 old は er をつけて比較級を作る。
(2)「明日は今日よりも暑いでしょう」 hot の比較級は t を重ねて er をつける。
❷(1) big「大きい」の比較級は，g を重ねて er をつける。
(2) 副詞の比較級の文。early「早く」の比較級は earlier。
2 popular，exciting，famous は，前に more をつけて比較級を作る。
3 ❶形容詞 good と副詞 well の比較級は better。
❷「…よりも～のほうが好きだ」は like ～ better than ... の形で表す。

まとめテスト●第１回 pp.38～39

1 Japan 3 France 2
Italy 4 India 1

2 (1) ひどく嫌う (2) 紙の，紙製の
(3) rainbow (4) effect

3 (1) modeled, after (2) without you
(3) because of

4 (1) harder than (2) longer than
(3) better than (4) more expensive than

5 (1) I can run faster than Bill.
(2) Today's quiz was more difficult than yesterday's one.
(3) Bob is more famous than Paul.

6 (1) 例 Baseball is more exciting than soccer.
(2) 例 I like basketball better than volleyball.

7 (1) another example
(2)(a) Yes, they are. (b) Raindrops are.

台本

1 女の子：India is larger than Japan. / 男の子：I see. Is India larger than France? / 女の子：Yes. And France is larger than Japan. / 男の子：Then, which country is smaller, Japan or Italy? / 女の子：Italy is.
《和訳》女の子「インドは日本よりも大きいです」 男の子「なるほど。インドはフランスよりも大きいですか」 女の子「はい。そしてフランスは日本よりも大きいです」 男の子「では，日本とイタリア，どちらの国のほうが小さいですか」 女の子「イタリアです」

解説

3 (1)「～にならって」は after ～。
(2)「～なしで」は without ～。
(3)「～のために」は because of ～。
4 (1)「私はジェーンより一生懸命に勉強するつもりです」「～より一生懸命に」は harder

than ～。

(2)「この鉛筆はあれよりも短いです」→「あの鉛筆はこれよりも長い」 short の反意語 long を使ってほぼ同じ意味の英文にする。

(3)「私の母は日本茶よりもジュースが好きです」「…より～のほうが好き」は like ～ better than ...。

(4)「私は自分の腕時計があなたのものよりも安いと知っています」→「私はあなたの腕時計が自分のものよりも高価だと知っています」

5 (1)「～よりも速く」を faster than ～ と表す。

(2) difficult の比較級は more difficult。today's quiz と yesterday's one を比較する。

(3)「～よりも有名な」は more famous than ～。

6 (1) exciting「わくわくする」の比較級は more exciting。

(2)「…より～のほうが好き」は like ～ better than ...。

7 (1) 直前の文に注目。

(2)(a)「エミリーがハスの葉を見るとき，ハスの葉は乾いていますか」 3行目参照。

(b)「何がハスの葉を流れ落ちていますか」3行目参照。

まとめテスト●第2回　pp.40 ～ 41

1 (1) ウ　(2) イ　(3) ア

2 (1) 運ぶ　(2) 効果　(3) leaf　(4) solve

3 (1) helpful to　(2) Each, has

4 (1) busier than　(2) more popular than
(3) better[nicer] than　(4) earlier than
(5) harder than

5 (1) Hokkaido is larger than Shikoku.
(2) These flowers are more beautiful than those ones.
(3) Do you like cats better than dogs?

6 (1) 例 My camera is better[nicer] than my father's.
(2) 例 My bag is more expensive than my brother's.

7 (1) 新幹線がトンネルに入るときに大きな騒音を出すこと。
(2) カワセミが水に飛び込むとき，水をはね返らせないこと。

台本

1 (1) In April, this city is colder than Sydney.

(2) In August, this city is hotter than London.

(3) In December, this city is hotter than other two cities.

《和訳》(1)「4月に，この都市はシドニーよりも寒いです」

(2)「8月に，この都市はロンドンよりも暑いです」

(3)「12月に，この都市はほかの2つの都市よりも暑いです」

解説

3 (1)「～してくれて助かる」は helpful to ～。

(2)「それぞれの～」は〈each＋名詞の単数形〉で表す。三人称・単数扱いなので，動詞は has。

4 (1) busy の比較級は busier。

(2) popular の比較級は more popular。

(3) good の比較級は better。

(4) early の比較級は earlier。

(5) hard の比較級は harder。

5 (1) Hokkaido と Shikoku を比較している。larger は large の比較級。

(2) these flowers と those ones を比較している。beautiful の比較級は more beautiful。

(3)「…より～のほうが好き」は like ～ better than ...。

6 (1)「よい」は good。good の比較級は better。

(2)「(値段が)高い」は expensive。expensive の比較級は more expensive。

7 (1) 5～6行目参照。

(2) 直前の文を参照。

PROGRAM 4-2 Word Web ③

● Check pp.42 ~ 43

1 (1) the fastest (2) the earliest

2 (1) the most popular (2) the most beautiful

3 (1) the best (2) the best

4 (1) as old as (2) as well as
(3) not as, as

解説

1 (1) fast の最上級は the fastest。
(2) early の最上級は，y を i に変えて est をつけて作る。

2 (1) popular の最上級は the most popular。
(2) beautiful の最上級は the most beautiful。

3 (1) well の最上級は the best。
(2) good の最上級は the best。

4 (1)(2)「…と同じくらい～」は〈as＋形容詞［副詞］の原級＋as〉の形で表す。
(3)「…ほど～ない」は not as ～ as ... の形で表す。

まとめテスト●第1回 pp.44 ~ 45

1 Ichiro > Koji = Kenta

2 (1) ～なしで (2) 与える
(3) however (4) creature

3 (1) Which, more, or (2) sticks to

4 (1) tallest (2) of (3) best
(4) most interesting (5) old
(6) heavy (7) most useful

5 (1) Is Kanazawa the most beautiful city in Japan?
(2) Eiji can speak English the best of the five.
(3) Soccer is as exciting as baseball for me.
(4) I don't get up as early as my mother every morning.

6 (1) 例 I like Japanese the best of all the subjects.
(2) 例 I like cats the best of all the animals.

7 (a) like (b) heavier (c) can

台本

1 Kenta is about 172 centimeters tall. He is as tall as Koji. Koji is not as tall as Ichiro. Ichiro is the tallest of the three.
《和訳》「健太はおよそ 172 センチメートルの背の高さです。彼は幸司と同じくらい背が高いです。幸司は一郎ほど背が高くありません。一郎は3人の中で最も背が高いです」

解説

3 (1)「どちら」は Which ～? でたずねる。「英語と数学では」は，English と math を or で結ぶ。
(2)「～にくっつく」は stick to ～。

4 (1)「サムは私たちのクラスでいちばん背が高いです」 tall の最上級は the tallest。
(2)「私は6人の中でいちばん若いです」「(仲間や同類)の中で」は of ～で表す。
(3)「あなたは家族の中でいちばんじょうずにギターがひけますか」 well の最上級は the best。
(4)「この本は学校図書館の中でいちばんおもしろかったです」 interesting の最上級は the most interesting。
(5)「あの病院は私たちの家と同じくらい古いです」「…と同じくらい古い」を〈as＋形容詞の原級＋as〉の形で表す。
(6)「私のかばんは彼女のものほど重くありません」「…ほど～でない」を not as ～ as ... の形で表す。
(7)「私は，この辞書は7冊の中でいちばん役に立つと思います。これを買います」 useful の最上級は the most useful。

5 (1)「もっとも美しい都市」は，最上級で the most beautiful city と表す。
(2)「いちばんじょうずに英語を話す」は，最上級で speak English the best と表す。

(3)「…と同じくらいわくわくする」は，as ～ as ... の形で as exciting as ... と表す。

(4)「…ほど早くは起きない」は，not as ～ as ... の形で don't get up as early as ... と表す。

6「すべての～の中で」は of all ～。

7(a)「それぞれのハチのロボットはアメリカのコインのように小さい」 2文目参照。

(b)「紙のクリップはハチのロボットより重い」 3文目参照。

(c)「ハチのロボットは空を飛ぶことができる」最後の文参照。be able to ～ = can ～

まとめテスト●第2回　pp.46 ～ 47

1 (1) 作って　(2) 大きい

2 (1) 可能性　(2) 捜索，探索
(3) space　(4) agriculture

3 (1) because, didn't　(2) able to

4 (1) most difficult of　(2) as early as
(3) not as, as　(4) the highest, in
(5) best, in　(6) What, best

5 (1) Ms. Maeda is the busiest of all the teachers.
(2) Her story was not as interesting as his.
(3) Does he like math the best of all the subjects?

6 (1) 例 I'm as tall as my brother.
(2) 例 I don't practice tennis as hard as my brother.

7 (1) ハチのロボットがハチのように花に花粉を運ぶようになること。
(2) ロボットは狭い空間に入り込むことができるから。
(3) Plants and creatures can.

台本

1　女の子：Hi, Bill. You have a nice bag. / ビル：Thank you. My mother made it for me. She also made a bag for my brother. His bag is smaller than mine.
《和訳》女の子「こんにちは，ビル。あなたはすてきなかばんを持っていますね」 ビル「ありがとうございます。ぼくの母がぼくのためにそれを作りました。彼女はぼくの弟のためにもかばんを作りました。彼のかばんはぼくのものよりも小さいです」

解説

3(1)「～なので」は接続詞 because ～で表す。

(2)「～できる」は be able to ～。can ～とほぼ同じ意味を表す。

4(1)「5つの中でいちばん難しい」は the most difficult of the five。

(2)「…と同じくらい早く」は as early as ...。

(3)「…ほど新しくない」は not as new as ...。

(4)「日本でいちばん高い山」は the highest mountain in Japan。

(5)「私の家族の中でいちばんじょうずなサッカー選手」は the best soccer player in my family。

(6)「何が」は What ～？ でたずねる。「～がいちばん好き」は like ～ the best。

5(1)「もっとも忙しい」は the busiest。

(2)「…ほどおもしろくない」は not as interesting as ...。

(3)「～がいちばん好き」は like ～ the best。

6(1)「私は弟と同じくらいの背の高さです」「…と同じくらいの背の高さ」を，as ～ as ... の形と tall を使って表す。

(2)「私は弟ほど熱心にテニスを練習しません」「…ほど熱心に練習しない」を，not as ～ as ... の形と副詞の hard を使って表す。

7(1) 1～2行目参照。

(2) because のあとに理由が示されている。

(3)「何がたくさんのことを私たちに教えてくれますか」 最後の文参照。learn ～ from ... は「…から～を学ぶ」。

定期テスト予想問題2●第1回　pp.48 ～ 49

1 (1)(a) ア　(b) ウ　(c) ア　(2) イ

2 (1) Some, Others　(2) Come back
(3) up close

3 (1) エ　(2) イ

4 例 I want to write a book about friendship.

5 (1) eating
(2) What kind of food do you have?
(3) 小型のパンの代わりにヌードルを使ったもの
(4)(a) ○　(b) ×

台本

1 (1)(a)男の子：I want to play tennis today. Let's play together. / 女の子：Sorry. I'm going to do my homework. / 男の子：How about next Sunday? // ア OK. I'll wait for you in the park. / イ Playing tennis is my hobby. / ウ Have a good time.
(b)女の子：Look! That girl is running fast. / 男の子：She is my sister, Maki. / 女の子：Really? Can you run faster than Maki? // ア Yes. She is a good runner. / イ I don't know that girl. / ウ No, I can't.
(c)男の子：You study hard every day. / 女の子：I want to be a doctor. / 男の子：I know your parents are doctors. // ア My dream is to be a good doctor like my parents. / イ Yes. My mother is a police officer. / ウ I'm going to help you in the future.
(2) Kate likes basketball very much. Yesterday she went to Jim's house to watch the basketball game on TV with him. Kate doesn't play it, but she likes watching basketball games. Jim is a good player and usually practices it after school.
Question：What does Kate like to do?

《和訳》(1)(a)男の子「ぼくは今日，テニスがしたいです。いっしょにしましょう」 女の子「すみません。私は宿題をする予定です」 男の子「次の日曜日はどうですか」 ア「いいですよ。私は公園であなたを待ちます」 イ「テニスをすることは私の趣味です」 ウ「楽しんでください」
(b) 女の子「見てください。あちらの女の子は速く走っています」 男の子「彼女はぼくの姉[妹]の真紀です」 女の子「本当ですか。あなたは真紀よりも速く走ることができますか」 ア「はい。彼女はよい走者です」 イ「ぼくはあちらの女の子を知りません」 ウ「いいえ，できません」
(c) 男の子「あなたは毎日一生懸命勉強しますね」 女の子「私は医者になりたいのです」 男の子「ぼくはあなたの両親が医者だということを知っています」 ア「私の夢は私の両親のようなよい医者になることです」 イ「はい。私の母は警察官です」 ウ「私は将来，あなたを助けるつもりです」
(2)「ケイトはバスケットボールが大好きです。昨日，彼女はジムといっしょにテレビでバスケットボールの試合を見るために，彼の家へ行きました。ケイトはそれをしませんが，彼女はバスケットボールの試合を見るのは好きです。ジムはよい選手で，たいてい放課後にそれを練習します」
質問「ケイトは何をするのが好きですか」

解説

2 (1)「～もあれば，…もある。」は Some ～. Others .... で表す。
(2)「～に戻る」は come back ～。
(3)「すぐ近くで[に]」は up close。

3 (1)「この前の日曜日，私は動物園を訪れました。たくさんの動物を見て楽しみました。あなたはどの動物がいちばん好きですか」―「ぼくはライオンがいちばん好きです。彼らはとても強いですから」 What ～ do you like the best? で「あなたがいちばん好きな～は何ですか。」という意味。
(2)「私はいつか外国で働きたいわ。あなたの夢について話して」―「ぼくはカナダに住みたいな」 夢をたずねているので，それに対応している選択肢を選ぶ。

4「あなたは来年，何をしたいですか」という質問。I want to ～. の形を使って答えるとよい。

5 (1) enjoy のあとに動詞がくるときは，必ず動名詞(-ing 形)にする。

(2)「どんな種類の～」は what kind of ～。

(3) 直後でダニエルが説明している。

(4)(a)「アメリカの人々は屋台の料理を楽しみます」 1～2行目参照。

(b)「真央はラーメンバーガーを食べたいと思っていません」 最後の2行参照。

定期テスト予想問題2●第2回 pp.50～51

1 (1)(a) イ (b) ウ (c) ア (2) ウ

2 (1) able to (2) in, future (3) because

3 (1) ウ (2) ア

4 例 Mitsuhiko is the tallest. He wants to be a good basketball player in the U.S.

5 (1) the, beautiful, of

(2) その鳥は，新幹線がトンネルに入るときに大きな騒音を出すという問題を解決するのに役に立ちましたか。

(3)(a) ○ (b) × (c) ○

台本

1 (1)(a)男の子：What did you do yesterday? / 女の子：I went to the hospital. / 男の子：Why? Were you sick? // ア Yes. I was absent from school. / イ No. I went there to see my grandfather. / ウ It was colder yesterday than today.

(b)女の子：Are you taller than your father? / 男の子：No. But I'm as tall as my mother. / 女の子：How about your brother, Sam? // ア He is as tall as my father. / イ I don't have a brother. / ウ He's the tallest of the four.

(c)男の子：It's cold today. / 女の子：Yes. It started raining. Do you have an umbrella? / 男の子：No. Can I use your umbrella? // ア Sure. I have two. / イ Sorry, this isn't mine. / ウ It'll stop raining soon.

(2)男の子：Let's go out for lunch, Misa. / 女の子：Sure, John. What do you want to have? / 男の子：I had spaghetti last night. How about hamburgers? / 女の子：Sounds good. Why don't we go to the restaurant near the bookstore? // Question：Where will they go?

《和訳》 (1)(a)男の子「あなたは昨日，何をしましたか」 女の子「私は病院へ行きました」 男の子「なぜですか。あなたは病気だったのですか」 ア「はい。私は学校を休みました」 イ「いいえ。私は私の祖父に会うためにそこへ行きました」 ウ「昨日は今日よりも寒かったです」

(b) 女の子「あなたはあなたのお父さんよりも背が高いですか」 男の子「いいえ。しかし，ぼくはぼくの母と同じくらい背が高いです」 女の子「あなたのお兄さんはどうですか，サム」 ア「彼はぼくの父と同じくらい背が高いです」 イ「ぼくに兄はいません」 ウ「彼は4人の中で最も背が高いです」

(c) 男の子「今日は寒いです」 女の子「はい。雨が降り始めました。あなたはかさを持っていますか」 男の子「いいえ。あなたのかさを使ってもいいですか」 ア「もちろん。私は2本持っています」 イ「すみません，これは私のものではありません」 ウ「すぐに雨はやむでしょう」

(2) 男の子「昼食を食べに出かけましょう，美沙」 女の子「いいですよ，ジョン。あなたは何が食べたいですか」 男の子「ぼくは昨夜，スパゲッティを食べました。ハンバーガーはどうですか」 女の子「よさそうですね。書店の近くのレストランに行くのはどうですか」 質問「彼らはどこへ行くつもりですか」

解説

2 (1)「～できる」は be able to ～。

(2)「将来」in the future。

(3)「～なので」は because。

3 (1) 女の子「動物園に鳥のショーを見に行きたいです。次の日曜日はひまですか」 男の子「申し訳ないけれど，はっきりしないんです。調べてみますね。明日あなたに電話します」

今は予定がはっきりしないと言っているので，あとで改めて連絡すると伝えている。

(2) 女の子「机の上に2冊の本があります。そのうちの1冊を読むつもりです。どちらのほうがおもしろいですか」 男の子「こっちだと思います。ぼくは昨年，これらの本を読みました」 男の子がI think this one is. と答えていることから，「どちら」とたずねる文が適切。

4「あなたのクラスでもっとも背が高い人について，話してください」という質問。

5(1)「もっとも美しい鳥」を最上級でthe most beautiful birdと表す。「すべての中で」of all。

(2) 5～6行目参照。

(3)(a)「新幹線の技術者は鳥からヒントをもらいました」 3行目参照。

(b)「カワセミは水の中に飛び込むときに，しぶきをあげます」 最後から3行目参照。

(c)「技術者は新幹線をカワセミのくちばしと頭に似せて形作りました」 最後の2行参照。

PROGRAM 5-1 Power-Up 3

● Check pp.52～53

1 (1) what to (2) how to (3) when to
(4) where to

2 (1) looks sick (2) became
(3) got[became] popular

解説

1(1)「何を～したらよいか」はwhat to ～ で表す。

(2)「どのように～するか」はhow to ～ で表す。

(3)「いつ～したらよいか」はwhen to ～で表す。疑問文でも，この形は変わらない。

(4)「どこで[に]～したらよいか」はwhere to ～で表す。

2(1)「～に見える」は〈look＋形容詞〉で表す。ここでは主語が三人称・単数なので，lookにsをつける。

(2)(3)「～になる」は〈get＋形容詞〉または〈become＋名詞[形容詞]〉で表す。

まとめテスト●第1回 pp.54～55

1 (1) ○ (2) × (3) ○ (4) ○

2 (1) 話，物語 (2) うれしい
(3) daughter (4) shelf

3 (1) is good at (2) took action (3) Good for

4 (1) カレーライスの作り方
(2) 何を買ったらよいか
(3) とても悲しそうに見えました
(4) 英語の先生になるでしょう

5 (1) They know when to clean the classroom.
(2) I think it will become dark soon.

6 (1) 例 I don't know how to make a cake [cakes].
(2) 例 I don't know where to practice basketball.

7 (1) ① 多くの商品をたなに並べること。
② 卵のパックを床に落としたこと。
(2)(a) ○ (b) ×

台本

1 久美：Sam, why don't we play *igo*? / サム：Sorry. I don't know how to play *igo*. But I know how to play *shogi*. / 久美：Oh, I don't know how to play *shogi*. Then, how about *karuta* or *sugoroku*? / サム：Well, I know how to play both. I'm not good at *karuta*.

《和訳》久美「サム，囲碁を打ちませんか」 サム「すみません。ぼくはどうやって囲碁を打つか知りません。しかし，ぼくはどうやって将棋を指すかは知っています」 久美「ああ，私はどうやって将棋を指すか知りません。では,かるたかすごろくはどうですか」 サム「ええと，ぼくは両方ともどうやってするか知っています。ぼくはかるたが得意ではありません」

解説

3 (1)「～が得意だ」は be good at ～。

(2)「行動を起こす」は take action。過去の文なので，take は過去形の took にする。

(3) 相手の発言に対して「よかったですね。」と返すときに，Good for you. と言う。

4 (1) how to ～は「～の仕方」という意味。

(2) what to ～は「何を～したらよいか」という意味。

(3)〈look＋形容詞〉は「～に見える」という意味。

(4) become ～は「～になる」という意味。

5 (1)「いつ教室を掃除したらよいか」を〈when to＋動詞の原形〉の形を使って表す。

(2)「私は～と思います。」は I think (that) ～. で表す。「もうすぐ暗くなる」は主語を it にして未来の文で表す。「～になる」は〈become＋名詞[形容詞]〉または〈get＋形容詞〉。

6 「～を知らない」は I do not[don't] know ～. で表す。

(1)「私はケーキの作り方を知りません」「ケーキの作り方」を〈how to＋動詞の原形〉を使って how to make a cake[cakes] と表す。

(2)「私はどこでバスケットボールを練習すればよいか知りません」「どこでバスケットボールを練習すればよいか」を〈where to＋動詞の原形〉の形を使って where to practice basketball とする。

7 (1)① 直前の文に注目。 ② 5行目参照。

(2)(a)「職員の人たちはダニエルにとても親切でした」 2行目参照。

(b)「ダニエルが間違いをしたとき，だれかが彼を責めました」最後から2行目参照。

まとめテスト●第2回 pp.56 ～ 57

1 (1) イ (2) ア (3) ウ

2 (1) 貸す (2) 間違い，手違い
(3) treat (4) remember

3 (1) many times (2) by mistake

4 (1) look, happy[glad] (2) how to grow
(3) become[be] busy (4) what to study
(5) when to open (6) looked delicious

5 (1) We want to know where to practice soccer.
(2) He looked excited when he was watching the baseball game.

6 (1) 例 It'll[It will] become cold.
(2) 例 It'll[It will] become sunny and windy.

7 (1) 行動を起こすことは大事だということ。
(2)(a) Because he looked lonely.
(b) No, she did not[didn't].

台本

1 (1)男の子：What happened? You look sleepy. / 女の子：I went to bed after eleven yesterday.

(2)男の子：You look happy. Why? / 女の子：I got a letter from my friend in Canada.

(3)男の子：You look sick. You should see a doctor. / 女の子：I'm only hungry.

《和訳》(1)男の子「何があったのですか。あなたは眠そうに見えます」 女の子「私は昨日，11時よりあとに寝ました」

(2) 男の子「あなたはうれしそうに見えます。なぜですか」 女の子「私はカナダにいる友だちから手紙を受け取りました」

(3) 男の子「あなたは病気のように見えます。あなたは医者に行くべきです」 女の子「私はおなかがすいているだけです」

解説

3 (1)「何度も」は many times。time は「回数」という意味。

(2)「間違えて」は by mistake。

4 (1)「～に見える」は〈look＋形容詞〉の形で表す。

(2)「～の仕方」は〈how to＋動詞の原形〉の形で表す。

(3)「～になる」は〈become＋形容詞〉の形で表す。

(4)「何を～したらよいか」は〈what to＋動詞の原形〉の形で表す。

(5)「いつ～したらよいか」は〈when to＋動詞の原形〉の形で表す。

(6) 過去の文なので，looked となる。

5 (1)「～を知りたい」は want to know ～。「どこでサッカーを練習したらよいか」は where to practice soccer。

(2)「わくわくしているように見えました」は looked excited。「～するとき」は接続詞 when を使う。

6「～になる」を〈become＋形容詞〉の形で表す。

(1)「寒くなるでしょう」

(2)「晴れて風が強くなるでしょう」 sunny と windy を and でつなげる。

7 (1) 最後の行参照。

(2)(a)「真央はなぜ男性のお年寄りに声をかけたのですか」 4行目参照。

(b)「真央はお年寄りの男性といっしょにいたとき，自分のことを話しましたか」 6～7行目参照。

PROGRAM 5-2 Power-Up 3

● Check pp.58～59

1 (1) makes[cooks] us (2) gave her
(3) tell me (4) buy, for

2 (1) Would, like (2) Would you
(3) I'd like to (4) like to share

解説

1 (1)「～に…を作る」は〈make＋人＋もの〉で表す。

(2)「～に…を渡す」は〈give＋人＋もの〉で表す。ここでは過去のことなので過去形 gave を使う。

(3)「～に…を話す」は〈tell＋人＋もの〉で表す。

(4)「～に…を買う」は，「人」にあたる them が文末にあるので，〈buy＋もの＋for＋人〉で表す。

2 (1)(2)「～はいかがですか。」とものを勧めるていねいな言い方は，Would you like ～?

(3)「私は～したいと思います。」は I would like to ～. で表す。I would の短縮形 I'd を使う。

(4)「私たちは～したいと思います。」は We would like to ～. で表す。We'd は We would の短縮形。「分かち合う」は share。

まとめテスト●第1回 pp.60～61

1 (1) ○ (2) × (3) ○

2 (1) 息子 (2) ひとりで
(3) meter (4) importance

3 (1) walked up (2) found out
(3) afternoon (4) tastes (5) all for

4 (1) me (2) Would (3) for (4) us (5) to
(6) her

5 (1) My sister didn't teach me English today.
(2) He will buy some CDs for me.
(3) How would you like your egg?

6 (1) 例 I'll make my sister some cookies.
(2) 例 I'll send my grandfather a Christmas card.

7 (1) 女性が息子からの荷物を受け取ってとてもうれしそうだったこと。
(2)(a) ○ (b) × (c) ○

台本

1 由美：Tom, do you know tomorrow is Mary's birthday? / トム：Yes, of course. I'm going to buy her some tennis balls. How about you, Yumi? / 由美：I'm going to make her a cake. I'm going to give her a birthday card too. / トム：I think she'll be happy.
《和訳》由美「トム，あなたは明日がメアリーの誕生日だということを知っていますか」 トム「はい，もちろん。ぼくは彼女にテニスボールをいくつかを買うつもりです。あなたはどうですか，由美」 由美「私は彼女にケーキを作るつもりです。私は彼女に誕生日祝いのカードもあげるつもりです」 トム「ぼくは彼女が喜ぶだろうと思います」

解説

3(1)「歩いて登る」は walk up。

(2)「～に気づく」は find out ～。過去の文なので，過去形 found を使う。

(3) Good afternoon. は，午後，夕方までのあいさつ。

(4)「(～な)味がする」は taste。

(5)「まずはそれで全部です。」は That's all for now.。

4(1)「あなたのアルバムを私に見せてください」「～に…を見せる」は〈show＋人＋もの〉または〈show＋もの＋to＋人〉の形で表す。

(2)「紅茶はいかがですか」「～はいかがですか。」と相手にていねいにものを勧めるときは Would you like ～? と言う。

(3)「私は家族に昼食を作るつもりです」「～に…を料理する」は〈cook＋人＋もの〉または〈cook＋もの＋for＋人〉の形で表す。

(4)「沢田先生は毎週水曜日に私たちに英語を教えてくれます」 動詞のあとにくる代名詞は「～を」の形の目的格。

(5)「私は明日，あなたに私の考えを話しましょう」「～に…を話す」は〈tell＋人＋もの〉または〈tell＋もの＋to＋人〉の形で表す。

(6)「あなたの電話番号を彼女に言いなさい」 動詞のあとに代名詞がくるときは目的格にする。

5(1) 語群に to がないので，「～に…を教える」は〈teach＋人＋もの〉の形にする。

(2) 語群に for があるので，「～に…を買う」は〈buy＋もの＋for＋人〉の形で表す。

(3)「(料理を)いかがなさいますか。」は How would you like ～?。

6(1)「私は妹にいくらかクッキーを作るつもりです」 I'll make some cookies for my sister. も同じ意味を表す。

(2)「私は祖父にクリスマスカードを送るつもりです」I'll send a Christmas card to my grandfather. も同じ意味を表す。

7(1) 直前の文に注目。

(2)(a)「その日は暑かったので，健と郵便配達員は汗びっしょりでした」 1～3行目参照。

(b)「その老婦人は息子と住んでいました」 4行目参照。

(c)「職場体験のあとで，健はほかの人のために働くことは大事だと気づきました」 最後の2行参照。

まとめテスト●第2回　pp.62～63

1 エ

2 (1) 待合室　(2) 興奮した
(3) lonely　(4) bored

3 (1) would, to　(2) ready to

4 (1) to her　(2) you lunch　(3) Would
(4) to them　(5) to us

5 (1) Give me some coffee, please.
(2) Would you like some fruits?
(3) I'll show some pictures of our school to you.

6 (1) 例 Would you like some milk?
(2) 例 Would you like two bananas?

7 (a) ×　(b) ○

台本

1 女の子：Hi, Sam. Would you like some juice or some tea? / サム：Tea, please. / 女の子：Are you hungry? / サム：Yes. I'd like some sandwiches.

《和訳》女の子「こんにちは，サム。ジュースか紅茶をいくらかいかがですか」 サム「紅茶をお願いします」 女の子「あなたはおなかがすいていますか」 サム「はい。ぼくはサンドイッチがいくつかほしいです」

解説

3(1)「～したいと思う」は would like to ～。

(2)「～する準備ができている」は，be ready to ～。

4(1)「私は彼女に誕生日プレゼントを渡しました」〈give＋人＋もの〉→〈give＋もの＋to＋人〉

(2)「あなたのおとうさんは土曜日によくあな

た(たち)に昼食を作りますか」〈make＋もの＋for＋人〉→〈make＋人＋もの〉
(3)「ステーキはいかがですか」「〜はいかがですか。」は Would you like 〜?。
(4)「私は彼らにマンガ本を何冊か送りましょう」〈send＋人＋もの〉→〈send＋もの＋to＋人〉
(5)「スミス先生は私たちにわくわくする話をしてくれるでしょう」〈tell＋人＋もの〉→〈tell＋もの＋to＋人〉

5(1)「〜ください」という命令文なので，動詞で始める。
(2)「〜はいかがですか。」は Would you like 〜?。
(3) 語群に to があるので，「〜に…を見せる」を〈show＋もの＋to＋人〉の形で表す。

6 would が指定されているので，Would you like〜? で表す。
(1)「牛乳はいかがですか」
(2)「バナナを２本いかがですか」

7(a)「窓のそばにはテーブルは１つもありません」 2〜3行目参照。
(b)「果歩はサンシャインピザだけ注文しました」 最後の４行参照。

PROGRAM 6 Step 3 / Our Project ⑤

● Check pp.64 〜 65

1 (1) are sung (2) were taken
(3) Was, read, it was (4) is not used

2 (1) was, influenced by
(2) Was, cleaned by
(3) weren't written by

3 (1) was known to (2) is covered with

解説

1(1)〈be 動詞＋過去分詞〉の受け身を表す文。主語が複数なので，be 動詞は are。
(2) 過去の受け身の文。主語が複数なので，be 動詞は were を使う。
(3) 受け身の疑問文。be 動詞を主語の前に置く。
(4) 受け身の否定文。be 動詞 is のあとに not。

2(1) 過去の受け身の文。主語が三人称・単数なので，be 動詞は was。「〜によって」は〈by 〜〉で表す。
(2) 疑問文なので be 動詞 was を主語の前に置く。〈by 〜〉の位置は変わらない。
(3) 否定文なので be 動詞のあとに not を置く。主語が複数で過去の文なので，be 動詞は were。

3(1)「〜に知られている」は be known to 〜。
(2)「〜におおわれている」は be covered with 〜。

まとめテスト●第１回 pp.66 〜 67

1 (1) ウ (2) エ (3) カ

2 (1) 木材 (2)（絵具で絵を）描く
(3) kitchen (4) president

3 (1) millions of (2) set up (3) afraid of

4 (1) is liked by (2) Is, washed
(3) were loved (4) wasn't finished

5 (1) English is used in their country.
(2) Were those flowers seen by many people last year?
(3) This movie is not known to children.

6 (1) 例 Breakfast is always cooked by me.
(2) 例 The letter to my grandfather was written by me.

7 (1) 音楽を通して，困難な問題に取り組むこと。
(2)(a) ○ (b) ×

台本

1(1) This is used when you wash clothes.
(2) It is used when we go outside. We wear it on a cold day.
(3) This is sometimes used when we read difficult books.

《和訳》(1)「これは服を洗うときに使われます」
(2)「それは私たちが外出するときに使われます。私たちは寒い日にそれを着ます」
(3)「これは私たちが難しい本を読むときにときどき使われます」

解説

3(1)「非常に多くの～」は millions of ～。

(2)「～を創設する」は set up ～。set は過去形も過去分詞も set。

(3)「～を恐れる」は be afraid of ～。

4(1) 受け身の文は〈be 動詞＋過去分詞〉で表す。主語が三人称・単数で現在の文なので，be 動詞は is。

(2) 受け身の疑問文は〈be 動詞＋主語＋過去分詞 ～?〉の形。

(3) 過去の受け身の文は，be 動詞を過去形にして表す。

(4) 受け身の否定文では，be 動詞のあとに not を置く。ここでは空所の数から，was not の短縮形 wasn't を使う。

5(1) English を主語にした受け身の文にする。

(2) those flowers を主語にした受け身の疑問文にする。seen は see の過去分詞。〈by ～〉は〈be 動詞＋過去分詞〉のあとに置く。

(3)「～に知られている」は be known to ～。否定文なので be 動詞のあとに not を置く。

6 どちらも過去分詞が指定されているので受け身の文で表す。

(1)「朝食はいつも私によって作られます」breakfast を主語にして表す。副詞の always は be 動詞と過去分詞の間に置く。

(2)「祖父への手紙は私によって書かれました」the letter を主語にして表す。

7(1) 4～5行目のミラー先生の言葉を指す。

(2)(a)「健はテレビでスティービー・ワンダーの歌を聞きました」 1～2行目参照。

(b)「健はスティービー・ワンダーが有名であることを知っていました」 3～4行目参照。

まとめテスト●第2回　pp.68～69

1 (1) 芥川龍之介　(2) 太宰治

2 (1) 伝言，伝えたいこと　(2) 休日
(3) scientist　(4) stationery

3 (1) all, world　(2) did　(3) such as
(4) kept studying

4 (1) it is　(2) Was, made　(3) Are, loved
(4) taught, they are　(5) It's

5 (1) This camera was not made in China.
(2) What language was used in this country fifty years ago?
(3) We are helped by many people.

6 (1) 例 This T-shirt was made by my mother.
(2) 例 This guitar was bought by my father.

7 (a) He dedicated the award to Nelson Mandela.
(b) He was locked in jail for 27 years.
(c) Nelson Mandela was.

台本

1 男の子：What book are you reading, Saori? / 女の子：I'm reading Kumo-no-Ito. It was written by Akutagawa Ryunosuke. / 男の子：Is it interesting? / 女の子：Yes. But I like Ningen-Shikkaku the best. / 男の子：Was that book written by Akutagawa Ryunosuke too? / 女の子：No. It was written by Dazai Osamu.

《和訳》男の子「あなたは何の本を読んでいますか，沙織」 女の子「私は『蜘蛛の糸』を読んでいます。それは芥川龍之介によって書かれました」 男の子「それはおもしろいですか」 女の子「はい。しかし，私は『人間失格』がいちばん好きです」 男の子「その本も芥川龍之介によって書かれましたか」 女の子「いいえ。それは太宰治によって書かれました」

解説

3(1)「世界じゅうで」は all over the world。

(2) 相手の発言への相づち。過去の一般動詞の文に応じているので，did you? と返している。

(3)「たとえば～のような」は such as ～。

(4)「～し続ける」は keep ～ing で表す。ここでは過去の文なので，過去形の kept を使う。

4(1)「この自転車はあなたのお兄さん[弟さん]

に使われていますか」――「はい，そうです」受け身の疑問文にはbe動詞を使って答える。
⑵「このテーブルは2015年に作られたのですか」――「いいえ，そうではありません。それは2010年に作られました」
⑶「ネコたちはあなたの家族に愛されていますか」――「はい。私たちはそれらが大好きです」
⑷「日本語と英語はこの学校で教えられていますか」――「はい，そうです。私は日本語を教えています」 teachの過去分詞はtaught。
⑸「この図書館は何時に開かれますか」――「10時に開かれます」 It isの短縮形It'sが入る。

5 ⑴ 受け身の否定文。be動詞のあとにnotを置いてwas not madeの語順になる。
⑵ What languageを文頭に置く。これが主語になるので，〈be動詞＋過去分詞〉が続く。
⑶「多くの人々に」をby many peopleと表す。

6 どちらも過去の受け身の文で表す。「～によって」は〈by ～〉で表す。
⑴ make「作る」の過去分詞はmade。
⑵ buy「買う」の過去分詞はbought。

7 (a)「スティービー・ワンダーは，『I Just Called to Say I Love You』の歌で賞をもらったあと，何をしましたか」 1～2行目参照。
(b)「マンデラはどのくらいの間刑務所に閉じ込められていましたか」 3～4行目参照。
(c)「南アフリカ共和国の初代の大統領はだれですか」 4～5行目参照。

Reading ② Word Web ④

まとめテスト●第1回 pp.70～71

1 イ

2 ⑴ 空港 ⑵ 帰る，戻る
⑶ mission ⑷ coast

3 ⑴ one, another ⑵ at war
⑶ running short

4 ⑴ The police officers took children out of the train.
⑵ No students came to school before seven.
⑶ We will send some nurses to help old people.

5 ⑴ ① ア ⑤ イ ⑵ will be
⑶ ③ sent ⑥ sank
⑷ 2機のトルコの飛行機が自分たちを救出しに来てくれたこと。
⑸(a) × (b) ○
⑹(a) They waited at the airport.
(b) Yes, they did.

台本

1 In September 1978, a big typhoon hit the village.
《和訳》「1978年の9月，大きな台風がその村を直撃しました」

解説

3 ⑴「次々に」はone after another。
⑵「戦争中で」はat war。
⑶「不足する」はrun short。

4 ⑴「～を…から連れ出す」はtake ～ out of ...。
⑵〈no＋名詞の複数形〉が主語の文。
⑶「…するために～を送る」はsend ～ to ...。

5 ⑴① 〈be動詞＋at war〉で「戦争中である」。
⑤ on a ～ missionで「～の任務で」。
⑵ 未来の文で表す。
⑶③ sendの過去形sentに変える。 ⑥ sinkの過去形sankに変える。
⑷ 6～7行目参照。
⑸(a)「日本からの多くの飛行機が日本人を救出するためにイランの空港に着陸しました」 5～6行目参照。
(b)「トルコの船は国へ帰るときに台風にあいました」 10～11行目参照。
⑹(a)「日本人はどこで飛行機を待ちましたか」 5行目参照。
(b)「非常に多くのトルコ人が和歌山の海岸の近くで亡くなりましたか」 最終行参照。

まとめテスト●第2回　pp.72 ～ 73

1 (1) ケーキ作り　(2) 知らなかった

2 (1) 村　(2) 続ける
(3) survivor　(4) ambassador

3 (1) the dead　(2) each other
(3) leave for[go to]　(4) between

4 (1) I saw your mother on my way home.
(2) Kenta became a good baseball player by practicing hard.
(3) We didn't have enough money then.

5 (1) to　(2) ② left　③ flew
(3) 1. 1999年にトルコを大地震が襲ったとき，日本人が助けに行ったこと。
2. 2011年に大地震と津波が東日本を襲ったとき，トルコの人々が助けに来たこと。
(4) better, helping, other
(5)(a) No, they were not[weren't].
(b) No, they did not[didn't].
(c) They stayed (there) for about a month.

台本

1　聡：Hi, Meg. You often read cooking books. / メグ：Hi, Satoshi. I'm interested in making cakes. I want to make delicious cakes. / 聡：Good. Do you know my sister is good at making ice cream? / メグ：Really? I didn't know that.
《和訳》聡「こんにちは，メグ。あなたはよく料理の本を読んでいますね」 メグ「こんにちは，聡。私はケーキを作ることに興味があります。私はおいしいケーキを作りたいです」 聡「いいですね。あなたはぼくの姉がアイスクリームを作るのが得意だと知っていますか」 メグ「本当ですか。私はそれを知りませんでした」

解説

3(1) the deadのように〈the＋形容詞〉の形が「人」を表すことがある。たとえば，the young「若い人」など。
(2)「おたがいに」はeach other。
(3)「～に向かう」はleave for ～。
(4)「～の間に」はbetween。
4(1)「(私の)帰り道で」はon my way home。
(2)「～することで」はby ～ingで表す。
(3)「十分な～」はenough ～。
5(1) give ～ to ...「～を…に渡す」の文。
(2) 両方とも過去形にする。
(3) 10 ～ 12行目参照。
(4)「よりよい」はgoodの比較級betterで表す。「おたがいに助け合うことで」は，by helping each other。
(5)(a)「近くの漁村の人々はトルコ人の人々と話すことができましたか」 1 ～ 2行目参照。
(b)「近くの漁村の人々は十分な食料を持っていましたか」 2行目参照。
(c)「生存者たちはどのくらいの間，神戸の病院に滞在しましたか」 4 ～ 5行目参照。

定期テスト予想問題3●第1回　pp.74 ～ 75

1 (1)(a) ア　(b) ウ　(c) イ　(2) イ

2 (1) glad[happy] to　(2) keep practicing
(3) afraid of

3 (1) ア　(2) イ

4 例 Baseball is. The baseball team at my school has about fifty students.

5 (1) ① used　② fought
(2)(a) wrote　(b) respect
(3)(a) Dr. Martin Luther King, Jr. did.
(b) Yes, it is.

台本

1 (1)(a)男の子：You look excited. / 女の子：I watched the basketball game on TV. The Fighters won! / 男の子：You like it very much, right? // ア It's my favorite team. / イ I think you also like basketball. / ウ You should practice hard.
(b)女の子：What are you reading? / 男性：

A book about animals. / 女の子：It looks interesting. // ア　I don't like this book because it's written in English. / イ　I gave it to you last year. / ウ　Yes, it is.　I'm going to read it again.

(c)男の子：You have a new glove! / 女の子：Yes.　I'm going to use it from tomorrow. / 男の子：Where did you buy it? // ア　I bought it at the department store. / イ　My father gave it to me for my birthday. / ウ　This is a present from my sister.

(2) Mary's father knows how to make desks.　Her desk was made by him.　Her mother is good at speaking Japanese.　She sometimes teaches Japanese to Mary.　She's a good teacher.　Mary can read Japanese, but she can't speak it.　Mary's brother knows how to paint pictures of plants well. // Question：What is Mary's mother good at?

《和訳》 (1)(a)男の子「あなたはわくわくしているように見えます」　女の子「私はテレビでバスケットボールの試合を見ました。ファイターズが勝ちました」　男の子「あなたはそれが大好きですね」　ア「それは私のお気に入りのチームです」　イ「私はあなたもバスケットボールが好きだと思います」　ウ「あなたは一生懸命練習するべきです」

(b) 女の子「あなたは何を読んでいますか」　男性「動物についての本です」　女の子「それはおもしろそうに見えます」　ア「それは英語で書かれているので好きではありません」　イ「私は昨年，それをあなたにあげました」　ウ「はい，おもしろいです。私はそれをもう一度読むつもりです」

(c) 男の子「あなたは新しいグローブを持っていますね」　女の子「はい。私は明日からそれを使うつもりです」　男の子「あなたはどこでそれを買いましたか」　ア「私はデパートでそれを買いました」　イ「私の父が私の誕生日に私にそれをくれました」　ウ「これは私の姉[妹]からのプレゼントです」

(2)「メアリーのおとうさんはどうやって机を作るか知っています。彼女の机は彼によって作られました。彼女のおかあさんは日本語を話すのが得意です。彼女はときどきメアリーに日本語を教えます。彼女はよい先生です。メアリーは日本語を読むことができますが，それを話すことはできません。メアリーのお兄さん[弟さん]はどうやって植物の絵をじょうずに描くか知っています」

質問「メアリーのおかあさんは何が得意ですか」

解説

2 (1)「～してうれしい」は，be glad to ～。

(2)「～し続ける」は keep ～ing。

(3)「～を恐れる」は be afraid of ～。前置詞 of のあとに動詞がくるときには動名詞(-ing 形)の形にする。

3 (1)「今日はとても暑いですね。何か冷たい飲みものはいかがですか」―「ソーダをください。ぼくはおなかかがすいています。ぼくはハンバーガーもほしいです」　男の子が「ソーダがほしい」と答えていることから考える。

(2)「ピアノをじょうずにひきたいです。でも何をしたらよいのかわかりません」―「ぼくは，毎日練習することが大事だと思います」　男の子がピアノが上達するための方法について述べていることから考える。

4「あなたの学校ではどんなスポーツが好かれていますか」という質問が受け身の文で表されている。まず具体的なスポーツ名を答えて，それに関連する説明を書く。

5 (1)① 受け身の文。use の過去分詞は used。

② fight の過去形は fought。

(2)(a)「スティービー・ワンダーは『Happy Birthday』という歌を書きました」　1～3行目参照。2行目では受け身の文で書かれている。

(b)「キング牧師は私たちに，おたがいに信頼しあう方法を教えてくれました」〈show＋人＋もの〉＝〈show＋もの＋to＋人〉　最後の文参照。

(3)(a)「だれがスティービー・ワンダーに大きく影響を与えましたか」 6行目参照。

(b)「キング牧師のための祝日はアメリカのすべての人々によって祝われますか」 最後の2行参照。

定期テスト予想問題3●第2回　pp.76 ～ 77

1 (1)(a) イ　(b) ア　(c) ウ　(2) イ

2 (1) ready to　(2) good at　(3) over, world

3 (1) ウ　(2) イ

4 例 My mother gave me a cap. It's a cap of my favorite baseball team.

5 (1) ① only, a　② to learn
③ never, challenging
(2) We mustn't be afraid of failure.
(3)(a) ○　(b) ○　(c) ×

台本

1 (1)(a)女の子：Where are you going to practice basketball tomorrow? / 男の子：At the gym. / 女の子：Do you know when to get there? // ア　No. I'll call our team leader. / イ　Yes. At eleven thirty. / ウ　I won't call our team leader.

(b)男の子：You look tired. What's up? / 女の子：I didn't do my homework yesterday. And I got up at five this morning. / 男の子：Did you have breakfast? // ア　No. I had no time to do so. / イ　Yes. I had to eat it every day. / ウ　I washed the dishes after having breakfast.

(c)男の子：Who's that boy? He's running fast. / 女の子：Bob, my classmate. / 男の子：Really? I know his name. He's a member of the baseball club. // ア　I know he's a kind boy. / イ　He reads a book every day. / ウ　He is known as the best player of the club.

(2) 男性：Excuse me. I bought shoes last year and I liked them. Today I want to buy new ones. / 女性：Would you like the same color? / 男性：This time, I'd like black ones. / 女性：I see. Just a moment. // Question：What does the man want to do?

《和訳》(1)(a)女の子「あなたたちは明日，どこでバスケットボールを練習するつもりですか」 男の子「体育館です」 女の子「あなたはいつそこへ行けばいいか知っていますか」 ア「いいえ。私は私たちのチームのリーダーに電話をするつもりです」 イ「はい。11時30分です」 ウ「私は私たちのチームのリーダーに電話をするつもりはありません」

(b) 男の子「あなたは疲れているように見えます。どうしたのですか」 女の子「私は昨日，宿題をしませんでした。そして私は今朝，5時に起きました」 男の子「あなたは朝食を食べましたか」 ア「いいえ。私はそうするための時間がありませんでした」 イ「はい。私は毎日それを食べなければなりませんでした」 ウ「私は朝食を食べたあと，お皿を洗いました」

(c) 男の子「あちらの男の子はだれですか。彼は速く走っています」 女の子「ボブです，私のクラスメイトですよ」 男の子「本当ですか。ぼくは彼の名前を知っています。彼は野球部の一員です」 ア「私は彼が親切な男の子だと知っています」 イ「彼は毎日，本を読みます」 ウ「彼はそのクラブのもっともよい選手として知られています」

(2) 男性「すみません。私は昨年くつを買って，私はそれが気に入りました。今日，私は新しいものを買いたいです」 女性「同じ色をお求めですか」 男性「今回は，私は黒いものがほしいです」 女性「なるほど。少々お待ちください」

質問「男性は何がしたいのですか」

解説

2(1)「～する準備ができている」は be ready to ～。

(2)「～するのが得意だ」は be good at ～。at のあとには名詞や動名詞がくる。

(3)「世界じゅうの」は all over the world。

3(1)「このケーキはとてもおいしいです」―「それは母が作りました。彼女はぼくの誕生日にいつもそれを作ってくれます」

(2)「あなたはいつ日本を出発する予定ですか」―「今度の金曜日です。手紙を書きますね。すぐに返事をください」

4「あなたはうれしそうに見えます。どうしてですか」という質問。ぼうしを思い浮かべていることから，まず「母が私にぼうしをくれました」といった内容の文で答える。そのあとにそのぼうしについての説明を続けるとよい。

5(1)①「～しか」は only で表す。「1日に」は a day。 ②「～して幸運である」は be lucky to ～。 ③「決して～ない」という強い否定は never で表すことができる。「～するのをやめる」は，stop ～ing。

(2)「～してはいけない」は must not ～,「～を恐れる」は be afraid of ～。

(3)(a)「何かを試みていれば，何かを得るだろう」タケシの発言参照。

(b)「エジソンは実用的な電球を発明しました」ミカの発言参照。

(c)「エジソンは80歳になったときに，一生懸命に働くのをやめました」 ダイスケの発言参照。

PROGRAM 7-1 Steps 4 / Power-Up 4

● Check pp.78～79

1 (1) I've just gotten (2) already learned
(3) has just finished[done]
(4) has already written

2 (1) Have, done[finished], yet
(2) Have, eaten[had], have
(3) Has, yet, has

3 (1) has, cleaned (2) haven't finished, yet
(3) has not

解説

1(1) 現在完了の文は〈have[has]＋過去分詞〉の形で表す。「ちょうど」は just で，ふつう have[has] と過去分詞の間に置く。I have の短縮形は I've にする。

(2)「すでに」は already で，ふつう have[has] と過去分詞の間に置く。

(3) 主語が三人称・単数なので has を使う。

(4) write の過去分詞は written。

2(1) 現在完了の疑問文は have や has を主語の前に出す。「もう」は yet で表す。

(2)(3) 現在完了の疑問文に対しては，have[has]を使って答える。

3(1) 現在完了の否定文は have[has]のあとに not を置いて表す。「まだ」は yet で表す。

(2) 空所の数から，ここには have not の短縮形 haven't が入る。

(3) 主語が三人称・単数なので has を使う。

まとめテスト●第1回 pp.80～81

1 (1) ア (2) エ (3) ウ

2 (1) ことば (2) 情勢，状況
(3) foreign (4) Europe

3 (1) According to (2) between, and
(3) pieces of

4 (1) have (2) taken (3) has not (4) have
(5) already (6) haven't (7) made

5 (1) He has just written a story.
(2) Have you read the book yet?
(3) It has not started raining yet in Tokyo.

6 (1) 例 I have already practiced soccer.
(2) 例 I have just studied for the English test.

7 (1) イタリアにいるおじさんからちょうどメールがきたところだったから。
(2) マンガ，アニメなどの日本語が(スシやキモノのように)英語で使われていること。
(3) Yes, he does.

台本

1(1) 男の子：Can you help me with my homework? / 女の子：Sorry, I can't.

I've not done mine yet.
(2) 男の子：Mom, I want to eat *ramen*. / 女性：Really? You've already eaten three hamburgers.
(3) 女性：Why are you in a hurry? / 男の子：I'm going to school. The class has already started.

《和訳》(1)男の子「ぼくの宿題を手伝ってもらえませんか」 女の子「すみません，できません。私はまだ私のものをしていません」
(2) 男の子「おかあさん，ぼくはラーメンが食べたいです」 女性「本当ですか。あなたはすでにハンバーガーを3つ食べました」
(3) 女性「なぜあなたは急いでいるのですか」 男の子「ぼくは学校へ行くところです。授業がすでに始まっています」

解説

3(1)「～によると」は according to ～。
(2)「～と…の間に[の]」は between ～ and ...。
(3) 数えられない名詞は複数形にすることができない。そのため，paper は piece を単位として用いて，「1枚の紙」は a piece of paper，「2枚の紙」は two pieces of paper などと表す。

4(1)「真理と彼女のお姉さん[妹さん]はグリーンさんに電話をしたところです」 主語が複数なので have を使う。
(2)「あなたはもうここで写真をとりましたか」 take の過去分詞は taken。
(3)「私の姉[妹]はまだ朝食を食べていません」 主語が三人称・単数なので，has を使う。
(4)「彼らは公園で走り終えたところですか」――「はい，そうです」 Have[Has] ～? には have[has]を使って答える。
(5)「小百合はすでに新しいコンピュータを買いました」「すでに」は already。yet は否定文で「まだ」，疑問文で「もう」という意味。
(6)「あなたはもう駅から戻ってきましたか」――「いいえ，まだです」
(7)「私の兄[弟]はまだ夕食を作っていません」

5(1) just「ちょうど」は過去分詞の前に置く。
(2) read は原形，過去形，過去分詞がすべて同じ形。過去形，過去分詞は [red] と発音する。
(3)「降り始める」は start raining で表す。現在完了の否定文。

6(1)「私はもうサッカーを練習しました」
(2)「わたしは英語のテストに向けてちょうど勉強したところです」

7(1) 2行目参照。
(2) 最後の2行参照。
(3)「ダニエルのおじさんはイタリアでスポーツ記者として働いていますか」 3～4行目参照。

まとめテスト●第2回 pp.82～83

1 (1) × (2) ○ (3) ○

2 (1) 部分 (2) 小説
(3) cancel (4) professional

3 (1) heard of (2) day by

4 (1) have, gotten[got] (2) has washed
(3) Has, returned, she has
(4) Have, finished, yet, they haven't
(5) has not, yet

5 (1) He has already used his new racket.
(2) I've just gotten an email from my sister.
(3) Have you reached your grandmother's house yet?
(4) We haven't watched a soccer game on TV yet.

6 (1) 例 Have you helped your mother yet?
(2) 例 Have you cleaned the bathroom yet?

7 (1) done (2)(a) × (b) ○

台本

1 太郎：Beth, have you finished lunch yet? / ベス：Yes, I have. How about you, Taro? / 太郎：Me too. Why don't we go shopping? / ベス：Sure. But I haven't finished cleaning my room. Let's meet at the station at three. / 太郎：OK. I'm going to help my mother. And I'll go there.
《和訳》太郎「ベス，あなたはもう昼食を終えましたか」 ベス「はい，終えました。あなたはどうですか，太郎」 太郎「ぼくもです。買い物に行きませんか」 ベス「いいですよ。しかし，私は私の部屋を掃除し終えていません。3時に駅で会いましょう」 太郎「わかりました。ぼくはぼくの母を手伝うつもりです。それからぼくはそこへ行きます」

解説

3(1)「～のことを聞く」は hear of ～。hear の過去形は heard。

(2)「日ごとに，日々」は day by day。

4(1)「私はちょうど起きたところです」

(2)「私の姉[妹]は台所で皿を洗ったところです」 主語が三人称・単数になったので，have を has にする。

(3)「キャシーは学校から戻ってきたところですか」――「はい，そうです」 疑問文にするので has を主語の前に出す。Has ～? には has を使って答える。

(4)「彼らはもうサッカーの練習を終えましたか」――「いいえ，まだ終えていません」 疑問文にするので have を主語の前に出す。Have ～? には have を使って答える。have not の短縮形は haven't。

(5)「佐々木さんはまだ昼食を食べていません」 has のあとに not を置く。

5(1) already は過去分詞 used の前に置く。

(2) I've は I have の短縮形。just は過去分詞 gotten の前に置く。

(3) 疑問文。yet は文末に置く。

(4) 否定文。have not の短縮形 haven't を watched の前に置く。

6 どちらも現在完了の疑問文で表す。

(1)「あなたはもう母親の手伝いをしましたか」

(2)「あなたはもうふろ場を掃除しましたか」

7(1) 文頭に Have があるので現在完了の疑問文。過去分詞にする。

(2)(a)「ダニエルはすでに宿題を終えていました」 3行目参照。

(b)「ダニエルはスピーチのために『キャプテン翼』について書いています」 最後の2行参照。

PROGRAM 7-2 Steps 4 / Power-Up 4

● Check　pp.84 ～ 85

1 (1) I've, before　(2) has played, once
(3) has been, times

2 (1) Have, ever visited, we have
(2) Have, ever heard, I've not[I haven't]
(3) Have, ever come, have not

3 (1) has, learned　(2) never eaten[had]
(3) never been　(4) never seen

解説

1(1)「～したことがある」は〈have[has]＋過去分詞〉で表す。最初の空所には，I have の短縮形 I've が入る。

(2) 主語が三人称・単数なので has を使う。「一度」は once。

(3)「～に行ったことがある」は have[has] been to ～。「何度も」は many times。

2(1) 現在完了の疑問文なので，have を主語の前に出す。「今までに」を表す ever はふつう，過去分詞の前に置く。

(2)「～のことを聞く」は hear of ～。答えの文では，I've か I haven't のどちらかの短縮形を使って答える。

(3)「ここに来る」は come here。come の過去分詞は come。

3 経験を表す現在完了の否定文では，ふつう，not ではなく never を過去分詞の前に置く。

まとめテスト●第1回　pp.86 ～ 87

1 (1) イ／1回　(2) エ／6回
(3) ア／0回

2 (1) 門，（搭乗）口　(2) くり返して
(3) plastic　(4) attention

3 (1) those days　(2) got home[came home]

4 (1) has visited, twice
(2) Has, ever played, has not
(3) never seen

5 (1) I have entered that department store before.
(2) Have you ever been to Yokohama?
(3) Jim has never seen snow.
(4) They have talked with Ms. Harada many times.

6 (1) 例 I have visited my grandmother's house alone (before).
(2) 例 I have made a red bag (before).

7 (1) プロのサッカー選手の中には,『キャプテン翼』を見てサッカーを始めた人もいます。
(2) Yes, it was.

台本

1(1) 男の子:Have you ever visited Matsumoto Castle? / 女の子:Yes, but I've been there just once.
(2) 女の子:Have you ever been to Kinkakuji? / 男の子:Yes. I've been there six times.
(3) 女の子:Have you ever seen the Shimanto River? / 男性:No. I've never seen it.

《和訳》(1)男の子「あなたは今までに松本城を訪れたことがありますか」 女の子「はい,しかし私はそこへ1度行ったことがあるだけです」
(2) 女の子「あなたは今までに金閣寺へ行ったことがありますか」 男の子「はい。ぼくは6回そこへ行ったことがあります」
(3) 女の子「あなたは今までに四万十川を見たことがありますか」 男性「いいえ。私は一度もそれを見たことがありません」

解説

3(1)「当時」は in those days。
(2)「帰宅する」は get home。過去の文なので,get の過去形 got を入れる。
4(1)「田辺先生はロンドンを2回訪れたことがあります」「2回」は twice。
(2)「彼女は今までに耕平とテニスをしたことがありますか」「今までに」は ever で,疑問文でよく使われる。ふつう過去分詞の前に置く。
(3)「私は動物園で一度もパンダを見たことがありません」 現在完了の経験用法の否定文では,ふつう not ではなく never を使う。
5(1) before「以前に」は文末に置く。
(2) have been to ~「~に行ったことがある」を使った疑問文。
(3) never は過去分詞の前に置く。
(4)「何度も」は many times。
6(1)「私はひとりでおばあさんの家を訪れたことがあります」という経験用法の文に。
(2)「私は赤いバッグを作ったことがあります」という経験用法の文に。
7(1) 2~3行目参照。them は複数の名詞,it は単数の名詞を指す。
(2)「『キャプテン翼』は多くのプロのサッカー選手に見られましたか」 2~3行目参照。

まとめテスト●第2回 pp.88~89

1 (1) × (2) ○ (3) ×

2 (1) 砂糖 (2) 翼,羽
(3) passenger (4) unusual

3 (1) due (2) Not yet

4 (1) Have (2) Has, ever (3) ever, has not
(4) taught, have (5) ever, haven't

5 (1) My brother has been to Nara once.
(2) I have never seen your father.

6 (1) 例 Have you ever watched baseball games in the stadium?
(2) 例 Have you ever traveled to China?

7 (1)(a) ○ (b) ×
(2)(a) Yes, he has. (b) *Ukiyo-e* did.

台本

1 メアリー:Hi, Daichi. What are you watching? / 大地:Hi, Mary. Some pictures. I took them when I went to

Okinawa. / メアリー：Really? I've never been there. / 大地：My grandfather lives there, so I've visited it many times.

《和訳》メアリー「こんにちは，大地。あなたは何を見ていますか」 大地「こんにちは，メアリー。何枚かの写真です。ぼくは沖縄へ行ったときにそれらをとりました」 メアリー「本当ですか。私は一度もそこへ行ったことがありません」 大地「ぼくの祖父がそこに住んでいるので，ぼくは何度もそこを訪れたことがあります」

解説

3(1)「～のため」は，to があるので due to ～ で表す。

(2)「まだです。」は Not yet.。

4(1)「あなたは以前，勉強するために図書館に行ったことがありますか」――「はい，あります」 have を使って答えているので，Have ～? の疑問文にする。

(2)「健司はこの本を読んだことがありますか」――「はい，あります。それはとてもおもしろいと言っていました」 has を使って答えているので，Has ～? の疑問文にする。

(3)「あなたのお兄さん[弟さん]はカナダに行ったことがありますか」――「いいえ，ありません」 ever「今までに」は経験を表す現在完了の疑問文でよく使う。

(4)「あなたは中学校で数学を教えたことがありますか」――「はい，あります。10 年前，私は数学の教師でした」 答えの 2 文目から，教えていたことがあるかとたずねる疑問文にする。

(5)「あなたはこの映画を見たことがありますか」――「いいえ，ありません」 have not の短縮形 haven't を使う。

5(1)「一度」という意味の once は文末に置く。

(2) 現在完了の経験用法の否定文では，not ではなく never を使うことが多い。

6 どちらも現在完了の経験用法の疑問文で表す。

(1)「あなたはスタジアムで野球の試合を見たことがありますか」

(2)「あなたは中国に旅行に行ったことがありますか」「～に旅行に行く」は travel to ～。

7(1)(a)「世界の多くの人々がマンガやアニメにひかれ，影響を受けています」 1～2 行目参照。

(b)「浮世絵とマンガは，150 年前は大衆向きの文化でした」 3～5 行目参照。

(2)(a)「健は今までに美術の歴史についての本を読んだことがありますか」 3 行目参照。

(b)「何がモネやヴァン・ゴッホに影響を与えましたか」 6 行目参照。

PROGRAM 8 Steps 5 / Power-Up 5 / Our Project ⑥ / Word Web ⑤

● Check pp.90 ～ 91

1 (1) have been, for
(2) Has, liked, since, she has
(3) hasn't, since

2 (1) How, have, For
(2) How long have, been
(3) How long has, lived, Since
(4) How long have, wanted, For

3 (1) have, playing, for (2) Has, been, since
(3) How, have, been (4) have, thinking

解説

1(1)「いる[ある]」は be 動詞で表せる。be 動詞の過去分詞 been が入る。「～の間」は for ～ で表す。three days のように期間が続くときは for を使う。

(2) 疑問文なので Has を主語の前に出す。「若いときから」は since she was young。過去の一時点を表す語句や文が続くときは since を使う。

(3) 否定文なので has のあとに not を置く。has not の短縮形 hasn't が入る。

2「どのくらいの間」は How long ～? で表す。そのあとに現在完了の疑問文を続ける。

3 play，swim，read，think などの動作を表す動詞を現在完了進行形の文で使って，動作の継続を表す。(2)は疑問文，(3)は How long ～? で期間をたずねている。

まとめテスト●第1回　pp.92 ~ 93

1 (1) イ　(2) ウ　(3) ア

2 (1) 髪　(2) 原子(力)の
(3) recycled　(4) monument

3 (1) half, hour　(2) looking for
(3) get better　(4) for, time

4 (1) has stayed, since　(2) How long, been
(3) have, cleaning, for

5 (1) I have wanted to be an astronaut since I was ten.
(2) How long have you known Maki?

6 (1) 例 I have practiced the piano for seven years.
(2) 例 I have studied Korean since last summer.

7 (1)(a) ×　(b) ○
(2)(a) They have been there for three days.
(b) She bought paper clay.

台本

1 I'm going to talk about my friend Naoki. We have been good friends for four years. Naoki likes playing the guitar. He has wanted a new one for six months. He came to this city when he was six. So he has lived here for eight years.
《和訳》「私は私の友だちの直樹について話します。私たちは4年間ずっと仲のいい友だちです。直樹はギターをひくのが好きです。彼は6か月間ずっと新しいものをほしがっています。彼は6歳のときにこの町へ来ました。だから彼は8年間ここに住んでいます」

解説

3(1)「30分」は half an hour。「1時間の半分」の意味。
(2)「~をさがす」は look for ~。ここでは現在進行形の文なので，-ing 形に。
(3)「(体調が)よくなる」は get well。ここでは「よりよくなる」なので，well を比較級にして get better とする。
(4)「長い間」は for a long time。

4(1)「ケイトは昨年からずっと祖父のところに滞在しています」という文にする。
(2)「東京ではどのくらいの間晴れていますか」という期間をたずねる文にする。
(3)「私は2時間ずっと部屋を掃除しています」という文にする。「掃除する」という動作が続いていることを表すので，現在完了進行形〈have[has] been + 動詞の -ing 形〉で表す。

5(1)「ずっと~したいと思っています」を現在完了〈have[has] + 過去分詞〉で表す。
(2)「どのくらいの間」を How long ~? で表し，そのあとに現在完了の疑問文を続ける。

6 現在完了の文で表す。
(1)「私は7年間ピアノを練習しています」
(2)「私はこの前の夏から韓国語を勉強しています」

7(1)(a)「真央は広島平和記念公園に感動しませんでした」 4~5行目参照。So was I. は「私もです」と，相手の意見に同意するときに使う表現。
(b)「ダニエルと真央は再生された折り鶴のことを一度も聞いたことがありません」 最後の2行参照。 Me neither. は相手の否定のことばに同意する表現で，ここでは直前のダニエルのことばを受けて「私も聞いたことがありません」という意味。
(2)(a)「ダニエルと真央はどのくらいの間，広島に滞在していますか」 2行目参照。
(b)「真央はみやげとして何を買いましたか」 5~6行目参照。

まとめテスト●第2回　pp.94 ~ 95

1 (1) エ　(2) イ　(3) ア

2 (1) 事実　(2) 不安で
(3) environment　(4) receive

3 (1) Take[Have], look　(2) passed away

(3) every year　(4) In fact

4 (1) has been, since　(2) How long has
(3) been waiting, for

5 (1) I haven't seen my brother since last May.
(2) He has been listening to music for three hours.

6 (1) 例 How long have you studied English?
(2) 例 How long have you lived in this town?

7 (1)(a) ○　(b) ×
(2)(a) She was (only) twelve (years old).
(b) They show people's hope for peace.

台本

1 (1) This animal is strong. It has been sleeping since I came here.
(2) Look at that big animal. It has been eating apples for half an hour.
(3) Look at that animal. It has been eating bananas for an hour.

《和訳》(1)「この動物は強いです。それは私がここに来てからずっと眠り続けています」
(2)「あの大きな動物を見てください。それは30分の間ずっとリンゴを食べ続けています」
(3)「あの動物を見てください。それは1時間ずっとバナナを食べ続けています」

解説

3 (1)「見てください」は Take a look.
(2)「亡くなる」は pass away。～ ago があるので現在完了は使えない。
(3)「毎年」は every year。every を使った表現には every month「毎月」，every week「毎週」などがある。
(4)「実際には」は in fact。

4 (1)「ずっと具合が悪い」を，現在完了〈have[has] been＋過去分詞〉を使って have[has] been sick と表す。
(2)「どのくらいの間」を How long ～? で表し，そのあとは現在完了の疑問文を続ける。
(3) 現在完了進行形の文。〈have[has] been＋動詞の -ing 形〉の形。「～を待つ」は wait for ～。

5 (1) 現在完了の否定文。haven't は have not の短縮形。「この前の5月から」は since last May。
(2) 現在完了進行形の文。〈have[has] been＋動詞の -ing 形〉の語順にする。「～を聞く」は listen to ～。「3時間」は for three hours。

6 どちらも「期間」をたずねるので，How long ～? の疑問文で表す。
(1)「あなたはどのくらいの間，英語を勉強していますか」
(2)「あなたはどのくらいの間，この町に住んでいますか」

7 (1)(a)「広島平和記念公園では，原爆犠牲者のための記念碑を見ることができます」 1～3行目参照。
(b)「禎子は千羽鶴を折ったので，体調がよくなりました」 4～6行目参照。
(2)(a)「禎子は亡くなったとき何歳でしたか」 5～6行目参照。
(b)「多くの人々からの折り鶴は何を示していますか」 最後の行参照。

Reading ③

まとめテスト●第1回　pp.96～97

1 イ

2 (1) 心，気持ち　(2) ほんとうに
(3) government　(4) permission

3 (1) made, her　(2) cried out
(3) not, anyone

4 (1) I can't carry any more boxes.
(2) I went out in spite of the heavy rain.
(3) I asked for some hints to solve that problem.

5 (1) ① heard　⑤ limited
(2) ② イ　④ ウ　⑥ カ
(3) Don't, anyone, don't

(4)(a) ×　(b) ×
(5) He hoped everyone would be safe.

台本

1 男の子：What do you want to do in the future? / 女の子：I want to go abroad to help children. / 男の子：Oh, you're great!
《和訳》男の子「あなたは将来，何がしたいですか」 女の子「私は子どもたちを助けるために外国へ行きたいです」 男の子「ああ，あなたはすごいですね」

解説

3(1)「決心する」は make up ～'s mind。
(2)「叫ぶ」はcry out。ここでは過去形criedに。
(3)「だれも～ない」は否定文で anyone を使って表す。

4(1)「これ以上の…を～ない」は，not ～ any more …。
(2)「～にもかかわらず」は in spite of ～。
(3)「～を求める」は ask for ～，「～を解くためのヒント」は some hints to solve ～。

5(1)① 過去形にする。
⑤ 直前に be 動詞 was があるので受け身の文。過去分詞にする。
(2)② be free from ～で「～から自由になる」。④ in a month で「1 か月以内に」。⑥ on his last day で「彼の最後の日に」。
(3)「～してはいけない」は禁止の命令文で表す。「だれにも～しない」は否定文で anyone を使って表す。if 以下は否定文。
(4)(a)「ユダヤ人たちはベルリンに行きたいと思っていました」 2 ～ 3 行目参照。
(b)「千畝はビザを 1 枚も発行できなかったので，ユダヤ人たちに『申し訳ない』と言いました」 10 ～ 13 行目参照。
(5)「千畝はリトアニアを出発するとき，どんなことを願いましたか」 15 ～ 16 行目参照。

まとめテスト●第2回　pp.98 ～ 99

1 (1) 朝起きてから　(2) ジェーンのおばあさん

2 (1) (仕事などを)やめる　(2) 内なる，心の
(3) against　(4) introduce

3 (1) in tears　(2) because
(3) go against　(4) introduce yourself

4 (1) He showed me his notebook.
(2) We can see thousands of fans in front of the stadium.
(3) I had to read a book for my brother yesterday.

5 (1) against　(2) ② met　⑥ lives
(3) The man showed him an old piece of paper.
(4) been looking, since
(5) 千畝がヨーロッパにいたとき，「センポ」と自己紹介したこと。
(6) ウ
(7)(a) ○　(b) ×　(c) ○

台本

1 男の子：You look so tired, Jane. What's up? / ジェーン：I have been practicing the piano since I got up this morning. / 男の子：Why? / ジェーン：I want to play the piano well for my grandmother. Tomorrow is her birthday.
《和訳》男の子「あなたはとても疲れているように見えます，ジェーン。どうしたのですか」 ジェーン「私は今朝起きてからずっと，ピアノを練習し続けています」 男の子「なぜですか」 ジェーン「私は私の祖母のためにじょうずにピアノをひきたいのです。明日は彼女の誕生日です」

解説

3(1)「涙を流して」は in tears。
(2)「～のおかげで」は because of ～。
(3)「～に逆らう」は go against ～。
(4)「自己紹介をする」は introduce ～self。

4(1)「(人)に(もの)を見せる」は〈show＋人＋もの〉で表す。〈show＋もの＋to＋人〉でも同じ意味を表すが，語群に to がない。
(2)「何千もの～」は thousands of ～。
(3)「～しなければならなかった」と過去のこ

とをいうときは，had to ～。

5 (1) 最後の２行参照。「彼は日本政府に逆らってユダヤ人のためにビザを書いたから」

(2) ② 過去形にする。 ⑥ thousands of ～「何千もの～」があるので複数形にする。

(3)「古い紙を１枚(＝１枚の古い紙)」は an old piece of paper。

(4) 現在完了進行形の文。「～をさがす」は look for ～。

(5) ６行目参照。

(6) 政府の命令に逆らってビザを書いた理由としては，ウ「私は人々を救わなければなりません」が適当。

(7)(a)「ヨーロッパの人々が発音するとき，『Sempo』は『Chiune』よりも簡単でした」 ６～７行目参照。

(b)「千畝は『私はその男に会ったことがある』と思いました」 本文中にない。

(c)「2,000 枚以上のビザが千畝によって書かれました」 ９行目参照。

定期テスト予想問題4●第1回 pp.100～101

1 (1)(a) ウ (b) ウ (c) ア (2) エ

2 (1) between, and (2) pieces of
(3) half, hour

3 (1) ア (2) ウ

4 例 I've studied it for five years. When I was eleven, my mother started teaching it to me. I enjoy studying it now.

5 (1) ① burned ⑤ renewing
(2) 毎年届く何千万もの折り鶴を燃やすこと。
(3) been, for, time (4) ④ to ⑥ for
(5) send, to

台本

1 (1)(a) 男の子：That's a nice bike. / 女の子：Thanks. I like it very much. / 男の子：How long have you used it? // ア It's my favorite. / イ My father sometimes uses it. / ウ Since last Christmas.

(b) 女の子：Do you want to go abroad next year? / 男の子：Yes. Maybe I'll go to London. / 女の子：Have you been there? // ア That's good! / イ My grandmother lives there. / ウ No, I haven't.

(c) 男の子：I finished writing a letter to Kaori. / 女の子：Have you sent it yet? / 男の子：No. If you go out, can you go to the post office? // ア Sure. I'll go there this afternoon. / イ It's near the restaurant. / ウ I'll write one too.

(2) I'm Sayaka. I have a sister and a brother. My sister is good at painting pictures of animals. She has wanted to be a teacher since she was a child. My brother is able to swim well. He is the best swimmer in my family. // Question：What has Sayaka's sister wanted to be?

《和訳》(1)(a) 男の子「それはすてきな自転車ですね」 女の子「ありがとう。私はそれが大好きです」 男の子「あなたはどれくらいの間それを使っていますか」 ア「それは私のお気に入りです」 イ「私の父がときどきそれを使います」 ウ「この前のクリスマスからです」

(b) 女の子「あなたは来年，外国へ行きたいですか」 男の子「はい。おそらくぼくはロンドンへ行くでしょう」 女の子「あなたはそこへ行ったことがありますか」 ア「それはいいですね」 イ「ぼくの祖母がそこに住んでいます」 ウ「いいえ，ありません」

(c) 男の子「ぼくはかおりへの手紙を書き終えました」 女の子「あなたはもうそれを送りましたか」 男の子「いいえ。もしあなたが外出するなら，郵便局へ行ってもらえますか」 ア「もちろん。私は今日の午後にそこへ行きます」 イ「それはレストランの近くです」 ウ「私もそれを書きます」

(2)「私は沙也加です。私には姉[妹]と弟[兄]がいます。私の姉[妹]は動物の絵を描くのが得意です。彼女は子どものころから，先生になりたいと思っています。私の弟[兄]はじょうずに泳ぐことができます。彼は私の家族でいちばんよい泳ぎ手です」
質問「沙也加のお姉さん[妹さん]はずっと何になりたいと思っていますか」

解説

2 (1)「〜と…の間」は，between 〜 and ...。
(2) 紙の枚数を表すときは，a piece of 〜。
(3)「30分」は thirty minutes だが，「1時間の半分」ということで，half an hour でも表せる。

3 (1)「私たちはこの週末に宿題を終えなければなりません。あなたはもうすませましたか」—「いいえ。ぼくはそれを日曜日にします」No. と答えていることから，Yes / No で答えられるものから選ぶ。
(2)「あなたは以前にこの博物館に来たことがありますか」—「いいえ。今回が初めてです。とてもわくわくしますね」「来たことがあるか」という質問に No と答えているので，「今回が初めてだ」という内容の文が続く。

4「あなたはどのくらいの間，英語を勉強していますか」という，過去から続く期間をたずねる疑問文。具体的に期間を答えて，それに関連した内容を続ける。

5 (1)① 直前に be 動詞 are があることに注目。「燃やされる」という受け身の文と考えると意味が通る。burn の過去分詞は burned。
⑤ 直前に be 動詞 are があることに注目。be 動詞があるので，「再び新しくしているところだ」という現在進行形の文と考えると意味が通る。-ing 形にする。
(2) 1〜2行目参照。
(3) 現在完了進行形〈have[has] been＋動詞の -ing 形〉の文。「長い間」は for a long time。
(4)④ 不定詞の to が入り，「折り鶴を〜に再生すること」という意味を表す。⑥ hope for 〜 で「〜に対する望み」。
(5)「人々は毎年，記念碑に何千万もの折り鶴を送ります」 1行目参照。

定期テスト予想問題4●第2回 pp.102〜103

1 (1)(a) ア (b) ウ (c) イ (2) ア

2 (1) those days (2) made, my, to
(3) looked for

3 (1) ア (2) イ

4 例 No, I haven't. But my sister is a good tennis player.

5 (1) haven't, yet (2) were
(3) ③ to play ④ to them
(4)(a) × (b) ○

台本

1 (1)(a) 女の子：Have you ever been abroad? / 男の子：Yes. I lived in Canada for two months. / 女の子：Really? Why? // ア My father worked there. / イ Why don't you go again? / ウ It was last month.
(b) 男の子：Who's that man? / 女の子：He's our math teacher. I think you have seen him before. / 男の子：Why do you think so? // ア He's a good teacher. / イ I know you don't like math. / ウ He lives next to your house.
(c) 男の子：Do you like this town? / 女の子：Yes. I enjoy talking with my friends every day. / 男の子：How long have you lived here? // ア When I came here first, there weren't any supermarkets. / イ For about five years. / ウ I've visited the library twice.
(2) Yesterday, during dinner, Cathy's father told her about his job. He said, "I have never been absent." After that, Cathy told him about her basketball game. This morning, Cathy talked to her mother about her class. // Question：What did Cathy's father talk about last night?

《和訳》(1)(a)女の子「あなたは今までに外国へ行ったことがありますか」 男の子「はい。ぼくは2か月間，カナダに住んでいました」 女の子「本当ですか。なぜですか」 **ア**「ぼくの父がそこで働いていました」 **イ**「もう一度行ってはどうですか」 **ウ**「それは先月のことでした」

(b) 男の子「あちらの男性はだれですか」 女の子「彼は私たちの数学の先生です。あなたは以前彼に会ったことがあると思います」 男の子「なぜあなたはそう思うのですか」 **ア**「彼はよい先生です」 **イ**「私はあなたが数学を好きではないと知っています」 **ウ**「彼はあなたの家の隣に住んでいます」

(c) 男の子「あなたはこの町が好きですか」 女の子「はい。私は毎日，私の友だちと話して楽しみます」 男の子「あなたはどれくらいの間，ここに住んでいますか」 **ア**「私が初めてここに来たとき，スーパーマーケットは1つもありませんでした」 **イ**「5年間くらいです」 **ウ**「私は二度，図書館を訪れたことがあります」

(2)「昨日，夕食の間，キャシーのおとうさんは彼女に彼の仕事について話しました。彼は『私は一度も休んだことがありません』と言いました。そのあと，キャシーは彼に彼女のバスケットボールの試合について話しました。今朝，キャシーは彼女のおかあさんに彼女のクラスについて話しました」

質問「キャシーのおとうさんは昨夜，何について話しましたか」

解説

2(1)「当時」は in those days。

(2)「～する決心をする」は make up ～'s mind to ～。

(3)「～をさがす」は look for ～。

3(1)「こんにちは，マイク。あなたは市役所の近くのレストランに行ったことがありますか」—「はい。よくそれを訪れます。ぼくは，あそこのハンバーガーはこの町でいちばんだと思います」「レストランに行ったことがあるか」という質問に Yes と答え，それに続く文。

(2)「こんにちは，ジム。私は1か月あなたを見ませんでした」—「祖父の家にいました。ちょうど1週間前に戻ってきました」 男の子の答えから，男の子はしばらくおじいさんの家にいたため，女の子とは会わなかったと考えられる。

4「あなたは以前にテニスをしたことがありますか」という質問。Yes / No で答えて，それに関連した内容を続ける。

5(1) 完了を表す現在完了の否定文。have not の短縮形 haven't を使う。「まだ」は yet。

(2)「彼らが子どものとき」という意味。過去の文で主語が複数なので，were が入る。

(3)③ start は目的語に不定詞と動名詞の両方を使うことができる。 ④〈give＋人＋もの〉は〈give＋もの＋to＋人〉の形でほぼ同じ意味を表せる。

(4)(a)「真央は宿題を終えましたが，ダニエルはまだ終えていません」 1～3行目参照。

(b)「多くのプロのサッカー選手は『キャプテン翼』を見たことがあります」 6～8行目参照。